荥泽史话

XINGZE SHIHUA

焦　健　主编

黄河水利出版社

·郑　州·

图书在版编目（CIP）数据

荥泽史话 / 焦健主编. — 郑州：黄河水利出版社，
2019.8
ISBN 978-7-5509-2340-9

Ⅰ. ①荥… Ⅱ. ①焦… Ⅲ. ①文化史—郑州 Ⅳ.
①K296.11

中国版本图书馆 CIP 数据核字（2019）第077815号

组稿编辑：张 倩 电话：13837183135 QQ：995858488

出 版 社：黄河水利出版社 网址：www.yrcp.com
地址：河南省郑州市顺河路黄委会综合楼14层 邮编：450003
发行单位：黄河水利出版社
发行部电话：0371-66026940、66020550、66028024、66022620（传真）
E-mail：hhslcbs@126.com
承印单位：河南瑞之光印刷股份有限公司
开本：710 mm×1 000 mm 1/16
印张：14.5
字数：230千字 印数：1—1 000
版次：2019年8月第1版 印次：2019年8月第1次印刷

定价：70.00元

前　言

厚土中原，文明辉映。

在中原文明数千年薪火相传的发展过程中，古荥泽绘就了浓墨重彩的篇章。荥泽处于我国中部，紧邻黄河，乃九州腹地，历经仰韶文化，龙山文化，夏、商、周、秦、汉各代，至今绵延不断。从“华夏第一城”西山古城，到古荥汉代冶铁遗址，从隋唐大运河通济渠郑州段，到明代始建的荥泽县城隍庙……源远流长的历史文化，华夏民族的精神故乡，光芒四射的古国声威，群雄逐鹿的刀光剑影，见证了中原文明的沧海桑田，承载着中华文明的脉脉余温。

历史是城市的“根”，文化是城市的“魂”。荥泽历史遗迹、文化古迹、人文底蕴，是中原乃至我国城市生命的一部分。保护、传承和弘扬荥泽历史文化，对于延续文脉、保持特色、凝聚人心至关重要，对于丰富城市文化内涵、提升城市美誉度和知名度，具有十分重要的现实意义和长远意义。

为了更好地在城市建设中传承、挖掘、保护历史文化，守住城市记忆，守护城市记忆，让城市更有活力，更富魅力，我们编写了《荥泽史话》，用文图去唤醒一座文化古城的时光记忆。《荥泽史话》以时间为轴，按照历史的发展脉络，描述了荥泽的政治、经济、军事、社会、文化、思想、人物、风景名胜等。全书共分为十四章，分别为荥泽的地理环境、荥泽早期的人类活动、商王朝在荥泽的兴衰、西周时期的荥泽、春秋战国时期的群雄逐鹿、秦统一中国后的荥泽、两汉时期的荥泽、魏晋南北朝时期的荥泽、隋唐时期的荥泽、宋金时期的荥泽漕运、元明清时期的荥泽水系、民国时期的荥泽风云、中华人民共和国成立后的荥泽、古荥大运河文化区建设规划。

本书体例新颖、史料翔实、内容丰富、图文并茂，对于全面研究总结和宣传荥泽历史，继承和弘扬中原文化优良传统，培厚文化土层，涵养文化自信，助力郑州国家中心城市建设有着一定的历史意义和现实意义。

历史不是记忆的负担，它蕴含着可以照亮未来行程的智慧之光。让我们以史为鉴，站在更广视野、更多维度中去思考与理解中原文化的一脉相承，以中原更加出彩的文化使命与文化担当，共筑文化惠济的精彩。

目　录

第一章

荥泽的地理环境

XINGZE DE DILI HUANJING

荥泽形成于史前，为上古九大泽之一。

荥泽的范围，涵盖现在的原阳以南（古黄河河道偏北）、新郑以北、广武山京广铁路以东、中牟官渡以西的广大地域，其核心部位位于今郑州市惠济区、金水区与郑东新区的大部分地域和荥阳市的北部地区。

荥泽的由来

惠济区所在区域，历史上曾被称为“荥播”“荥泽”“荥阳”，隋仁寿元年（公元 601 年）起，称“荥泽县”，一直沿用到 1931 年。

之所以叫“荥泽”，是因为远古时期，惠济区除西面广武山周边有部分高地外，其他三面都是一个大湖，名叫荥泽（荥播）。

“荥泽”之名在我国古代历史文献记载中，最早

荥泽古大湖（一）

见于《尚书·禹贡》及《周礼·职方》。《尚书·禹贡》曰“荥播既潴”。《周礼·职方》云“豫州，其川荥、洛”。单就“荥播”一词所表达之本意，《史记·索隐》解曰：“播是水播溢之义，荥是泽名。”由此不难看出，“荥”在古代是一片大水（泽）。

荥泽形成于史前，阔达不止，北魏郦道元《水经注》中记载：“南去新郑百里，荥播、河、济，往复径通。泽之下一二十里，有垂陇城、釐（xī）城和沙城。又有古船塘和三十六陂，俗为郏城陂。其东西盖四十里，而南北亦二十里，皆为荥泽。”由此可知，荥泽的范围，涵盖现在的原阳以南（古黄河河道偏北）、新郑以北、广武山京广铁路以东、中牟官渡以西的广大地域，其核心部位为今惠济区、金水区与郑东新区的大部分地域。

荥泽的水主要来自黄河和济水。惠济区是黄河中下游的分界点，黄河在上中游奔腾于高山峡谷和黄土高原的河道中，一般不会溢出来。但在经过荥泽附近的大伾山（今广武山汜水口子以西段）后，就进入了广袤的平原地带，河道豁然开朗，河面可宽至 3~5 千米，河水漫流，经常泛滥。特别是古时济水流量很大，曾与黄河、长江、淮河并称为“四渎”。济水自大伾山冲进黄河河道，在北岸与黄河汇流后，流速不减，又渐从黄河南岸分出，南溢入荥泽，流向原阳、巨野泽、山东境内小清河入海。《晋地道志》曰：“济自大伾入河，与河水斗，南泆为荥泽……济水分河，东南流。”此外，惠济区由于地势较低，荥水、索水、须水、京水、旃（zhān）然水等在此汇流，形成了天然的水系网络枢纽。每当大汛，黄河水汇同济水等汹涌的洪水都会向东南漫溢，注入荥泽，又使荥泽水位迅速上升而超出容量向外播溢；汛期过后，部分溢水又会返流黄河，这样就形成了一个大面积的湖面。荥泽曾给当地人们的生活带来无尽的灾难，据《尚书·尧典》中记载，每逢雨季，山洪暴发，导致上游诸河流如洪水猛兽般狂泻其中，洪水泛滥时“汤汤洪水方割，荡荡怀山襄陵，浩浩滔天”（见《尚书·尧典》），人们背井离乡；水小时人们又回来渔猎，进行采集耕种，循环往复。

荥泽古大湖（二）

《水经注》引《晋地道志》云：“济自大伾山入河，与河水斗，南溢为荥泽。”《尚书传》又云：“济水入河遂流数十里而南截河，又遂流数十里溢为荥泽。”据此可见，源于王屋山且水流湍急的济水自大伾山（位于今荥阳市北）注入黄河后，流速不减，形成“与河水斗”之势，而后“南截河”渐达黄河南岸，继尔顺流而下，南溢注入荥泽。这就比较清楚地说明，荥泽的主要水源是河、济二水，而其周边的砾石溪、旃然水、索水、京水、须水等大小河流，亦为荥泽注入了大量的水源。其地望，可相当于今黄河以南、新郑以北、广武山京广铁路以东、中牟官渡以西。其核心部位，即位于郑州市惠济区。

大禹治理荥泽

随着荥泽范围的不断扩大，每逢雨季，山洪暴发，导致上游诸河流如洪水猛兽般狂泻其中。汹涌的洪水又使荥泽水位迅速上涨而超出容量向外播溢，令下游居民饱受洪患之灾。在帝尧时期，“汤汤洪水方割，荡荡怀山襄陵，浩浩滔天，下民其咨”（见《书经·尧典》）。鲧受尧命治理水患。他采用共工“造堤筑坝，堵流截水”的老办法，虽九年辛苦治水，然而水患不断，毫无建树。舜继尧位，见鲧治水无成，就革去了鲧的职务，将他流放到羽山，后来鲧就死在了那里。禹受舜命，修理河道。《尚书·禹贡》载：“禹别九州，随山浚川，任土作贡。禹敷土，随山刊木，奠高山大川。荆河惟豫州，伊、洛、瀍、涧既入于河，荥播既潴。导沇水，东流为

大禹像

济，入于河，溢为荥。”

大禹治水时，对荥泽的治理是一项重点、难点工程，也是治理黄河的关键。禹受舜命，修理河道，《水经注》谓“塞荥泽淫水，而与荥阳下引河，东南以通淮泗”“河水东过荥阳县（今古荥镇），浪荡渠（即鸿沟，也称大运河、贾鲁河）出焉”。大禹先是利用黄河下游起始段的一系列低山修筑堤坝，使黄河水不会向东向南漫流，然后用宽基土堤堵塞了荥泽溢决口，最后疏通荥泽下游，使荥泽的

大禹治水壁画

水能够通过浪荡渠顺利排出，这样就稳定住了荥泽，减少了水患。《尚书·禹贡》称“荥播既潴”。大禹治水后，荥泽面积逐渐缩小，随黄河泛滥的次数显著减少，还新增了很多陆地，郑州被分成了两个湖：荥泽和圃田泽。有了陆地，就陆续有先民聚居。那时，荥泽周边依山傍水，水流缓急适中，植被茂盛，是个宜居的好地方。人们白天渔猎耕种，晚上万家渔火、随波闪烁，因此“荥”最早是“熒”“荧”“滎”，意思是远处忽明忽暗的微弱火光。直到 1956 年国

务院推出第一批简化字，才改为“荥”字。

战国时魏惠王开凿了鸿沟运河，将黄河水又引进荥泽，以增加运河水量，并有效地联通了淮河、泗水等水系，使荥泽成为当时中原地区最大的水陆漕运枢纽，极大地促进了荥阳城的发展。但由于黄河的泛滥，荥泽泥沙淤积量不断增加，加上战乱，不能及时清淤，最终导致荥泽在汉代后期湮塞。从此，荥泽消失了，只在史籍上留下“荥泽”“荥波”“荥播”等称谓。

鸿沟·汴水·运河

惠济区在古代有一条运河，存在了 1700 余年。这条运河因朝代不同，名称也不断变更。战国到秦汉间，叫鸿沟，也叫汴水，隋代叫通济渠，唐宋叫汴河，宋代导洛水入汴河成功后，又叫清汴。这条运河发挥过重要的漕运作用，极大地促进了运河沿岸的城市发展与文化交流。

大运河俯瞰图

鸿沟是中国古代最早沟通黄河和淮河的人工运河，它是综合水系，现在的索须河、贾鲁河，都曾是鸿沟的重要组成部分。惠济区处于黄河中下游的分界点，古时水系发达，天然湖泽广袤分布，是鸿沟的起点，沟通黄河与鸿沟的连接点，也是鸿沟水系及漕运的枢纽。

最早系统性开凿鸿沟的，是战国时期的魏惠王。魏惠王是魏国的第三代国君，他在公元前369年继位时，正是魏国的鼎盛时期。但他后期重用庞涓，四面树敌，不断征伐，屡打败仗，魏国逐步衰弱。

由于秦国、齐国的不断进逼，迫使魏惠王于公元前361年将国都从安邑（今山西夏县）迁到大梁（今开封）。公元前360年，魏惠王对大梁西边的圃田泽进行整修，把黄河水经荥阳（今古荥镇）引入圃田泽，把圃田泽改造成了方圆300里的巨大湖泊，然后凿沟修渠，从圃田泽引水到大梁。在此后20多年间，魏惠王命人向东南继续开凿，使水系工程不断拓展，形成了黄淮之间的水运交通网。魏国的船只从大梁出发可以直接驶入韩、楚、卫、齐、鲁、宋等国，促进了魏国与各国的贸易往来和文化交流。鸿沟运河的开通，促进了荥阳（今古荥镇）的发展。由于荥阳是沟通黄河与鸿沟的水运枢纽，又紧邻大梁城，南来北往的船只络绎不绝，使荥阳一跃成为战国时

凿沟修渠

期中原地区著名的经济中心和军事重镇。

公元前225年，秦王嬴政（即后来的秦始皇）派王贲沿鸿沟攻打魏国，引鸿沟水直灌魏国都城大梁，魏王被迫投降，这样秦国就轻易地灭掉了战国七雄之一的魏国。秦国占有了鸿沟水道后，又全面疏浚了战国时期设置的运河障碍，鸿沟水系得到进一步发展。为解决国都和关中地区粮食问题，便利用鸿沟水道将江淮一带的粮食源源不断地运往国都和关中地区。因为鸿沟水势平缓，运粮船只较小，直接进入黄河容易翻船，秦国便要求鸿沟运粮的船只在鸿沟和引黄河水的口门处将粮食卸下，然后再装入停靠在黄河中的大船上，运往京城咸阳。他们在漕运枢纽荥阳北边的敖山（今广武山）上，设置了全国最大、最重要的粮仓——敖仓。敖仓是古代漕运的中转站，将济水流域和江淮的漕粮及军需物资转运长安、洛阳。水运而来的物资往

大运河晨曦

往因为黄河中上游弱小的水运能力而滞留，在敖仓卸载后，可存储，也可经陆路直抵两京。至此，关中至关东形成了鸿沟—黄河—渭水的漕运转运线路，荥阳是这条漕运转运线路的中转站，成为极为重要的水运交通枢纽。至秦灭亡，刘邦、项羽争夺天下时，还屡次争夺敖仓，因为里面“藏粟甚多”。

两汉时期，铁工具的广泛使用，大大提高了水利的兴修效率，也促进了造船业的发展。那时的渡船可达 5 层，运输船可装粮食 2 万斛（约合今天的 240 吨），军船可容 3000 人在船上生活和战斗，有的富豪拥有的船只竟达千艘，财产富于公室，势力倾于郡国，不能不说是一个奇迹。但也对河道水系提出了新的要求。汉王朝一直利用鸿沟水道调运东南地区的粮食和物资接济关中和洛阳，屡次对鸿沟加以治理，特别加强了对引黄河口门处的荥口石门和阳嘉石门的整治。汉哀帝建平年间（公元前 6 年），开通了荥阳漕渠，引黄河水由鸿沟而下，经浪荡渠向东南至陈（今淮阳）入颍，再由寿春入淮河。汉明帝时，起用王景治河，在荥阳至千乘海口的 1000 多千米间修筑堤防，把河水

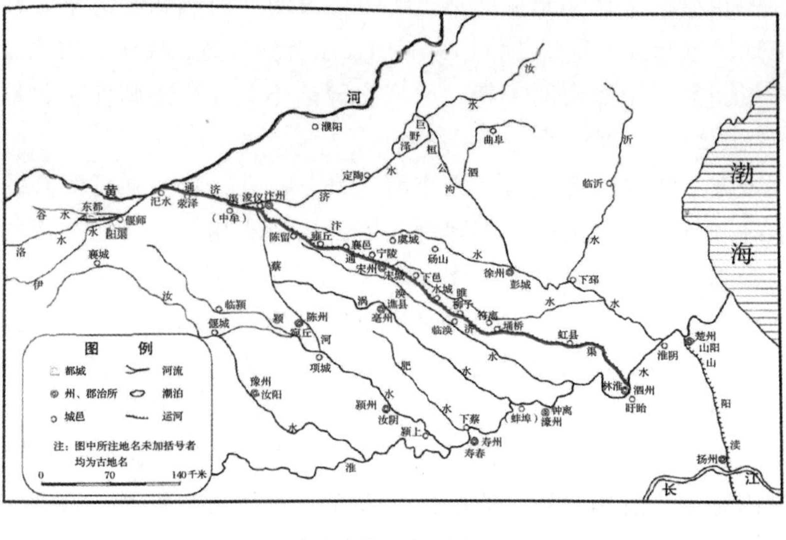

隋通济渠—唐汴渠图

牢牢地限制在一定的范围内，保证了汴渠的疏通，便利了农田灌溉与水道的畅通。

公元 581 年，杨坚废帝自立，建立隋王朝，仍定都长安（今西安）。长安城内大量的官僚贵族、商贾游食以及狗马禽兽，需要依靠江南和淮河流域的供养；北方边境城市和大量的边防军，需要粮食的供应。基于以上条件，隋王朝政府深刻意识到开凿和贯通南北大运河的必要性。于公元 605 年 3 月，隋炀帝一继位，就决定营建东都洛阳，第三天就命令河南等郡的百余万人开凿通济渠。从板渚（今荥阳牛口峪西北）引黄河水入汴渠，从开封注入淮水，一直通到淮河，实际是在原鸿沟水道的基础上开挖疏浚而成的。通济渠标准宽 40 步（约相当于现在的 67 米），挖成后，又在渠两岸修筑御道，遍植柳树，蔚为壮观，称柳堤。通济渠开通后，不仅与同时开凿的邗沟相互联通，而且也与徐州以东、以北的地区紧密地联系起来。隋炀帝下扬州的龙舟和他庞大的船队就是从板渚由黄河进入通济渠的。虽然隋炀帝开通济渠有他便于下扬州的成分，但自是“公家运漕，私行商旅，舳舻相继”（见《元和郡县志》），对沟通两京和经济重心江淮地区也起到了重要的作用。然而，因劳役过重，反成了虐政。隋王朝是一个短命的王朝，通济渠开通不久，隋王朝便在各地反抗的烽火中灭亡了。

唐王朝将通济渠改名为汴河（渠），进一步加强了对其的治理和管理。因为唐王朝建都长安，也要利用汴河运送东南的粮食物资。唐玄宗开元二十一年（公元 733 年），关中地区大雨成灾，粮食收成甚差，唐玄宗不得已率百官到东都洛阳“就食”，因往关中送粮困难而洛阳较易，食物充足，唐玄宗便将都城迁到洛阳。为保证粮食供应，唐王朝政府对漕运进行了规范和改革，采用节级转输的方法，一是江淮运粮之船不进入黄河，原因是船小容易翻船，影响漕运安全。在运河与黄河连接的汴河口置河阴县、设河阴仓，运不走的粮食等物资存放在河阴仓。

河阴县由汜水县东部、荥泽县西部、武陟县南部各划出一部分组成，其主要功能是治理汴河口门，管理输场（转输码头，后又成立转运院）和河阴仓。二是黄河之船不进入洛河，原因是船大易在洛河搁浅，影响航道。经黄河运往洛阳和关中的物资，可存放在含嘉仓，再由含嘉仓陆路运输至京城，或由陆路运往关中地区。三是运往洛阳以西、关中的物资，如果用黄河大船溯黄河而上，由于三门峡处暗礁太多无法通过，黄河南岸又是高山，就要在三门峡处将船停靠黄河北岸，改用陆路运输，向西绕过三门峡后再装入黄河上的大船经黄河、渭河向上运输。根据史书记载，从此以后，运河的通航能力大为提升，三年中运往京都的粮食超过了七百万石，京都和关中地区的粮荒问题得到了彻底解决。可以说，这条运河就是唐王朝的生命线。通过这条运河对京都长安和东都洛阳的粮食补充，对两京稳定和国家稳定起到了决定性作用。唐代诗人李敬方有一首《汴河直进船》诗，诗中有“东南四十三州地，取尽脂膏是此河”的句子，形象地说明了汴河为唐王朝的统治所做出的贡献。

大运河通济渠郑州段展示标识碑正面

到了宋代，赵匡胤之所以定都开封，看中的就是开封四通八达的水上漕运交通网。但是，开封地处豫东平原，无险可守，为四战之地。为保卫京畿，国都及国都周边大军云集，粮草耗用甚为巨大，再加国都内人口众多，为当时全球最大的都会，粮食等物资需从各地运输，以供京城之用。国都的物资供应主要是通过漕运来实施的，在通往京城的漕运网中，汴河漕运最多，也最关键。《宋史·河渠志》中记载，大臣张洎曾说："汴水横亘中国，首承大河（黄河），漕引江湖，利尽南海，半天下之财赋并山泽之百货，悉由此路而进。"张方平也说："汴河之于京城，乃是建国之本……大众之命，惟汴河是赖。"正是由于汴河运输事关京城的繁荣与稳定，故宋王朝一直特别重视对汴河的治理。

北宋王朝建国之初，首先治理汴河。原来对汴河疏通清淤都是官督民办，赵匡胤下令改为官办，参加汴河清淤的沿河民众的衣食费用由政府全包，足见北宋王朝对这一问题的重视。同时，北宋王朝政府在中央设立水利机构，在荥阳北部引黄河水入汴河的汴口设立管理机构，专门管理和调节进入汴河的水量。由于管理得当，每年通过汴河运往京城的"江淮湖浙米数百万"，保证了京城的粮食需求。但是，黄河是含沙量较大的河流，引入汴河的黄河水经常造成淤积，致使"舟楫不通"。北宋王朝统治者为了不误漕运，曾多次疏浚索、须河等水，以补汴水之不足。然而，索、须河等水的水量较小，对整个汴河的需水量来说是杯水车薪。为保证汴河水源，就需不断地动用军民清淤和开创新的引水口门。为便于行水，新开的口门总在旧口门之西，这是地势西高东低的缘故。为了解决汴河多沙善淤的情况和彻底解决汴河水源问题，导洛水入汴水的呼声就越来越高。

北宋元丰元年（公元1078年），大臣张从惠提出导洛水入汴水。他说，去年七月，黄河暴涨，大水退去以后，主河道向北移动，在主河道和广武山之间滞留下了大量泥沙，形成了高滩，可以在这个高滩上挖一条水渠，引洛水入汴水。朝廷中专门管理水利的官员范子渊也提出了相同的意见。北宋元丰二年（公元 1079 年），皇帝派大臣宋用臣再次巡视汴河，在充分论证后，宋用臣就在这年四月开始实施“导洛入汴”工程。第一步，他在黄河边修筑了三个挑水大坝，名叫“广武埽”，用来阻挡黄河的南侵。第二步，他用极快的速度，在黄河嫩滩上用四十五天的时间就开挖了一个自今巩义市沙峪沟口到荥阳广武山北瓦亭子长五十一里的水渠，与原汴河接通。同时，在荥阳汜水口子村外挖了一条长五百五十步的南北渠道，并设置上下闸门，以解决黄河和汴河船只互通的问题。渠道挖成后，在洛河入黄河口处建了一个拦水坝，拦住洛河水，不让洛河向北流入黄河，迫使其东流入汴河。由于洛河水比较清澈，泥沙淤积现象解决了，汴河的运输能力也就得到了提高，工程完工以后，“江淮扁舟，四时上下，昼夜不绝”。皇帝非常高兴，遂将汴河改名清汴。

北宋灭亡，开封地位下降，金元政治中心在北方，再加南北京杭大运河开通，统治者不再对汴河加以治理，汴河地位一落千丈。由于河防废弛，汴河渐为黄河所夺。至元代至正二十七年（公元 1367 年），黄河一场大水将汴河全部湮没，唐代为漕运而设立的河阴县城，也沉没在黄河波涛中。至此，存在了 1700 余年的运河完成了历史使命，退出了历史舞台。

经过惠济区北部的这条运河，是古代劳动人民利用自然的杰作，是一项伟大的水利工程，在中国运河史和世界运河史上占有特别重要的地位。这条运河是连接西北和江淮的水上通道和运输大动脉，对秦汉唐宋都城的繁荣、稳定和文化交流起到了重要作用。

第二章

荥泽早期的人类活动

XINGZE ZAOQI DE RENLEI HUODONG

荥泽具有独特的、厚重的历史与文化底蕴。考古证实，早在十万年前，这块土地水源丰沛，草木茂盛，猛犸象、犀牛、麋鹿、鸵鸟等大型动物出没其间。一万多年前，早期智人就在付寨沟和韩峒村周围繁衍生息，他们用石器猎杀，到荥泽捕捞，用火烧烤食物，创造着古老的文明。新石器时代，许多部落沿黄河南岸徙居广武山荥泽沿岸，他们为了保护部落成员，在生活中摸索着筑墙方法，建设家园，及至黄帝五千年左右，在古荥西山筑就了“中原第一城”——西山古城，开创了版筑技术（用版块夯筑城墙）的先河。炎黄二帝结盟，开启了中华民族融合的序曲。

炎黄结盟

黄帝和炎帝本来同在少典氏部落，后来分支出来，各自开辟了自己的活动领域。炎帝早期在岐山、武功、姜水（今宝鸡市）一带活动，部落逐渐兴盛，最初定都在陈地（今淮阳），后来将都城迁移到山东曲阜。相传炎帝擅长农业，他曾用草药治病而亲尝百草，发明了刀耕火种，教民垦荒种粮，领导部落制造出了饮食用的陶器和炊具。

黄帝的活动地域主要在河南、河北、山东、陕西、甘肃等地，后来建立了有熊国，将都城定在新郑与新密交界处的轩辕丘。

炎黄结盟

炎黄二帝巨塑

相传黄帝一生下来就显得异常聪慧，到了十五岁就几乎无所不通了。黄帝成为氏族首领后，有熊国的势力迅速发展，形成了一个强大的黄帝部落。因他发明了轩冕（古代大官的车乘和冕服），所以大家称他为轩辕黄帝。

神农氏时代晚期，炎帝是部落联盟首领。但这时的炎帝部落已经衰落，炎帝没有能力制止其他部落之间的相互侵犯了。黄帝便乘势而起，打败了一个个作乱的部族。大多数部落首领都臣服了，只剩下相对强大的炎帝和蚩尤部落，形成了炎帝、黄帝、蚩尤三足鼎立的局面。黄帝居中原，炎帝在西方（居太行山以西），九黎君主蚩尤居东方。炎帝征讨蚩尤失败后，又与黄帝部落发生了冲突，在阪泉（今河北涿鹿）进行了三次大规模作战，“血流漂杵”（见汉·贾谊《益攘》），最后黄帝部落赢得了战争的胜利。炎帝自知已无力支撑全局，又感念黄帝仁德，就在阪泉宣布归顺黄帝。黄帝部下大将太乙氏赶忙返回都城将这一消息禀报黄帝。史料记载这一事件：炎帝率领军队按约定时间渡过黄河来归顺黄帝，黄帝乘车出都城，一直到黄河南岸迎接。黄帝感佩炎帝“善事农耕”，统领天下时曾为农业发展、民众生存做出过很大的贡献，就认炎帝为兄长，并祭告天地，歃血为盟，世代为亲。随后，这两个部落联盟合为一体，与蚩尤争夺黄河下游地区，三年中与蚩尤打了九仗，都未能获胜，不得不退回云岩宫（今新密黄帝宫）访名将、练精兵，与大将风后共同研创了“八阵兵法”，最后在河北涿鹿与蚩尤决战，终于擒杀蚩尤，统一了中原各部落。战后，黄帝深感战争对百姓的伤害，毅然把调动军队的兵符扔入云岩宫的深涧中，表示永不发动战争，让人民安享太平。清代诗人钱清简作诗云：“战罢蚩尤犒旅徒，云岩深涧葬兵符。千秋永罢干戈事，蔓草寒烟锁阵图。”

史料记载：炎黄二帝会盟后，在黄河南岸邙山（今广武山）东麓曾起炎黄二帝木刻大像，“木像赞天”。《竹书纪年》曰：“削木为黄帝之像，帅诸侯朝奉之。”自然山黄帝饮马泉古碑有记：炎帝阪泉三战归顺黄帝，黄帝出都迎炎帝，于黄河南岸结盟，削木为像，人奉之。

华夏第一城
——西山古城遗址

西山古城址，属仰韶文化晚期夯土建筑城垣，位于郑州市惠济区枯河北岸的二级台地上，城址平面略近于圆形。遗址南北长 350 米，东西宽 300 余米，现存面积 170000 平方米，已发掘 4700 平方米。西山古城高出河床 15 米，海拔 101 米。西山古城遗址的东部和南部被洪水冲毁一部分，西城墙现存 70 米，北城墙现存 180 米，与西城墙相接，现在城的轮廓还可以大致看清。城外环绕壕沟，城内有道路、房基、窖穴、墓葬等遗迹，出土大批陶、石、骨器等人工制品及植物种子等遗存。西山古城遗址是我国迄今为止发现的最早的古城址。该城垣筑造采取版块夯筑法，在建造城墙的过程中，版块夯筑造城技术的出现，可以说是我国建筑史上的一大创造，为后世城垣与高台建筑等土木工程奠定了技术基础。

西山遗址牌

这个仰韶文化晚期的古城，建造

时代与黄帝时代相符，区位正是有熊氏古部落的中心地带。《史记》和《汉书》记载：“黄帝时为五城十二楼。”《轩辕本纪》说：“黄帝筑邑造五城。”《黄帝内经》说：“帝既杀蚩尤，因之筑城阙。”由此看来，黄帝时代在中原地区有城池形成，史书记载和文物出土互为印证。郑州西山古城应该是“中原第一黄帝城”。

西门北侧城墙

陶土碗

西山古城遗址的发现不仅有利于探讨中国早期城市的起源，而且对于研究中华文明的起源和形成及中原地区在其中所起的作用都具有非常重要的意义。

西山古城遗址

后庄王遗址

后庄王遗址属仰韶中晚期的一处遗址，距今5000 ~ 4800年，遗址面积约5万平方米。1952年2月和1976年6月前后两次共计发掘面积约600多平方米。根据地层叠压与打破关系，以及各期陶器的特征，初步分为上、中、下三层。出土的生活用具（包括葬具）主要是陶器，生产工具主要是石器，中层瓮棺葬出土数量较多。出土遗物有陶、石、骨、角、蚌器。陶器多为泥质红陶、夹砂褐泥质灰陶，有少量白衣彩陶和绘红、黑彩的彩陶片。器形有鼎、罐、盆、豆、小口尖底瓶、釜等。该遗址属仰韶文化中晚期的一处原始聚落遗址。

后庄王遗址现状

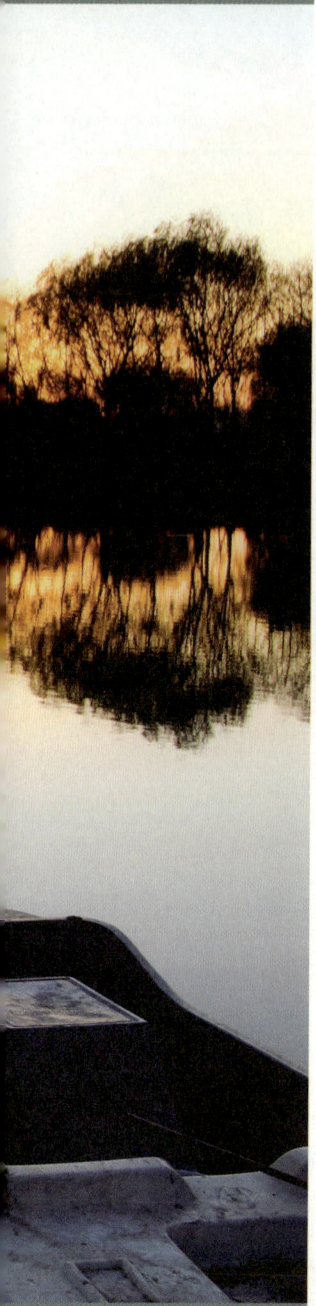

第三章

商王朝在荥泽的兴衰

SHANGWANGCHAO ZAI XINGZE DE XINGSHUAI

据档案史料记载，商初建都于亳，后因黄河水患，仲丁迁都于嚣。嚣（隞、敖），即敖都，也即黄帝后裔玄嚣之都。城，在隞山上（今广武山东半部），当时作为中国最大的都城，人口约有 4 万之多，亦为世界规模宏大的五大都会（其余四个为底比斯、孟菲斯、巴比伦、卡图沙斯）之一。

小双桥遗址

小双桥遗址位于惠济区索须河南岸，与荥阳故城隔河相望，是一处大型商代都邑遗址，年代相当于商代中期较早阶段。1995年，小双桥遗址被评为“中国十大考古新发现”之一。

1985年夏天，家住小双桥村的几位农民，在村西北取土时，从地里挖出了一件青铜器，随即送交给了当时的河南省博物馆收藏。1989年底，村民们又在村西头发现了青铜器。经考古学家鉴定，这些青铜器为商代前期青铜建筑构件，引起了考古工作者的关注。从此，考古工作者开始了小双桥商代遗址的发掘工作。遗址规模较大，占地约4平方千米，发现有城墙夯土

沿黄风光（摄影/赵亚洲）

青铜建筑构件

建筑基址、祭祀坑等文化遗迹和石磬、原始瓷尊、石圭等重要遗物。特别是发现的青铜建筑饰件，造型独特，纹饰繁缛，为国内首次发现，对于研究商代建筑的发展水平等具有重要的意义。发现的朱书陶文书写在陶缸表面的绳纹之间，与殷墟出土的甲骨文和朱书文字一脉相承。这是我国迄今发现的商代最早的书写文字。

石圭

小双桥遗址文化内涵规格较高，具有都邑遗址的性质，并拉近了郑州商城早商文化和

朱书陶文

殷墟晚商文化的距离，在一定程度上填补了商代中期考古研究的空白。

国内学术界认为，小双桥遗址是商代中期仲丁之隞都，郑州商城遗址是商代早期之亳（bó）都。商代中期，仲丁自郑州市中心的郑州商城迁都于此。

小双桥遗址与郑州商城遗址白家庄期商文化同期，与仲丁自亳迁隞的记载吻合；小双桥遗址出土的山东岳石文化器物，与仲丁伐蓝夷的记载吻合。考古专家袁广阔先生在《关于郑州小双桥遗址的几个问题》一文中认为：其地理位置与文献中对仲丁隞都的记载一致，其商代文化遗存的时间又与文献中仲丁自亳迁隞的时间吻合。因此，考古学家确认，该遗址就是商代仲丁所迁之隞都。

岔河遗址

岔河遗址位于古荥镇岔河村，这里地势较为平坦，北临黄河 10.5 公里，西来的索河与南来的须水在村南交汇，岔河遗址就位于岔河村东北 200 米索河北岸台地上，为商周时期文化遗址。

1986 年 8 月，郑州古荥供销社在收购废铜中，发现了古代残破铜器，得知出土于岔河砖瓦窑场后，就通知了文物部门。郑州市文物工作队立即组织专家进

岔河遗址碑

行考察发掘，发现了这个含有丰富遗物的商代前期（二里岗期，可能更早）遗址。

岔河遗址东西长 558 米，南北宽 331 米，面积约 278 亩。遗址区内文化层堆积厚 3 米左右，最厚处可达 4 米以上，可见有灰坑、房基、墓葬等。地表上散存着大量陶器残片，其中以泥质灰陶和夹砂灰陶数量最多，还有部分夹粗砂褐陶和泥质黑陶。纹饰以绳纹最多，占陶片总量的 60% 以上，另外还有弦纹、兽面纹、同心圆纹、附加堆纹和麻点纹等。器型多鬲、大口尊、缸、瓮、簋（guǐ）、盆、豆、鼎、澄滤器、器盖、甑（zèng）等，另外还发现了大量陶坩片和石器等。

岔河遗址文化堆积厚，内涵丰富，为商周时期的一处较重要的文化遗址，为研究商周时期的历史提供了宝贵的资料。

仲丁迁隞

隞都是商王朝中期的都邑，是商王朝的政治中心，当时也是全国的政治中心。有大量的史书记载和考古证明，隞都位于荥阳故城附近。如唐王朝《括地志》记载："在郑州荥泽县西南十七里，殷时隞地也。"在《荥泽县志》（乾隆年间）中称："隞地，在县城西南一十七里。"小双桥遗址和仲丁迁隞的地理位置相符合，因此有人认为，小双桥遗址就是隞都，也有

邙岭风光（区林业局提供）

人认为，隞都在敖山上，还有人认为，郑州商城是商代早期之亳（bó，郑州商城遗址）都，商代中期仲丁自郑州市中心的商城迁都于此。不管怎样，商代中期都城在郑州附近是确定的。

仲丁为什么要迁都呢？这要从商汤灭夏说起。

商汤打败夏王朝最后一个夏王“桀”建立商王朝后，把都城建在亳，传至十一代王仲丁（名庄）。仲丁即位的第一年，黄河泛滥，周边敌对势力猖獗，亳都地势低洼，周边无险可守。为巩固王权，弱化贵族势力，仲丁就决定将国都自亳西迁于隞。隞都虽濒临黄河，但地势较高，水源充沛，周边还有敖山（今广武山）可以据险，是个不错的选择。三国西晋时期史学家皇甫谧曰：“殷仲丁自亳徙嚣，即敖也。”《水经注》云：济水又东经敖山北，山上有城，即仲丁所迁。“隞”也作“嚣”，隞、嚣二字古代相通。嚣字中间的“页”代表头，“口”代表声音。头边有四个口，表示声音巨大。山怎么

古城墙一角

会发出巨大的声音呢？原来，这是古代黄河顶冲大伾山发出的声音。以山有巨大声音分析，建在山上的隞都距黄河不远。历史上也是这样记载的，说仲丁“自亳迁嚣于河上”。隞都作为当时中国最大的都城，人口约有 4 万之多，亦为世界规模宏大的五大都会（其他四个都会分别是底比斯、孟菲斯、巴比伦、卡图沙斯）之一。

仲丁在位时，东南方的夷族兴起，蓝夷（当时的国家名）时常进攻商王朝，仲丁最后出兵彻底打败了蓝夷，但商王朝本身的实力也受到了重创，仲丁在位 13 年去世。仲丁死后，一大堆的贵族兄弟们凭借着自己的势力开始争夺他留下的王位，以大欺小，恃强凌弱，开启了“谁势力大谁即位”的先例，从而造成一百多年继承上的“九世之乱”。

仲丁弟外壬（名发）继王位后，仍居于此，在位十年去世。其弟河亶（dǎn）甲继王位，将国都自隞迁于相（今安阳市西）。河亶甲病死后，其子祖乙继王位，又迁国都至邢（今邢台）。

第四章

西周时期的荥泽

XIZHOU SHIQI DE XINGZE

公元前 1050 年，西伯侯姬昌因病去世，其子姬发继位后，继承其父的遗志，任命姜尚为宰相，大力发展军事和经济实力，为能够抗衡商王朝做准备。经过充足的准备，姬发于公元前 1046 年发动了“牧野之战”。商纣王听闻姬发造反，非常震惊，急忙派军队抗击。但当时士兵人数不够，商纣王就用奴隶来充数，派他们前去迎战。姬发所率领的军队气势如虹，最终取得“牧野之战”的胜利，灭了商王朝，建立了西周政权，为周武王，追封其父西伯侯姬昌为周文王。

西周东虢国

周武王驾崩后，成王姬诵年幼，周公旦（姬旦，周文王第四子）辅政，叔鲜（周文王第三子）、叔度（周文王第五子）对周公旦嫉妒、惑疑，导致武庚叛乱。公元前 1040 年，周公旦东征，平定了叛乱，杀了武庚，并杀了支持叛乱的叔鲜，消灭了管国，流放叔度于蔡

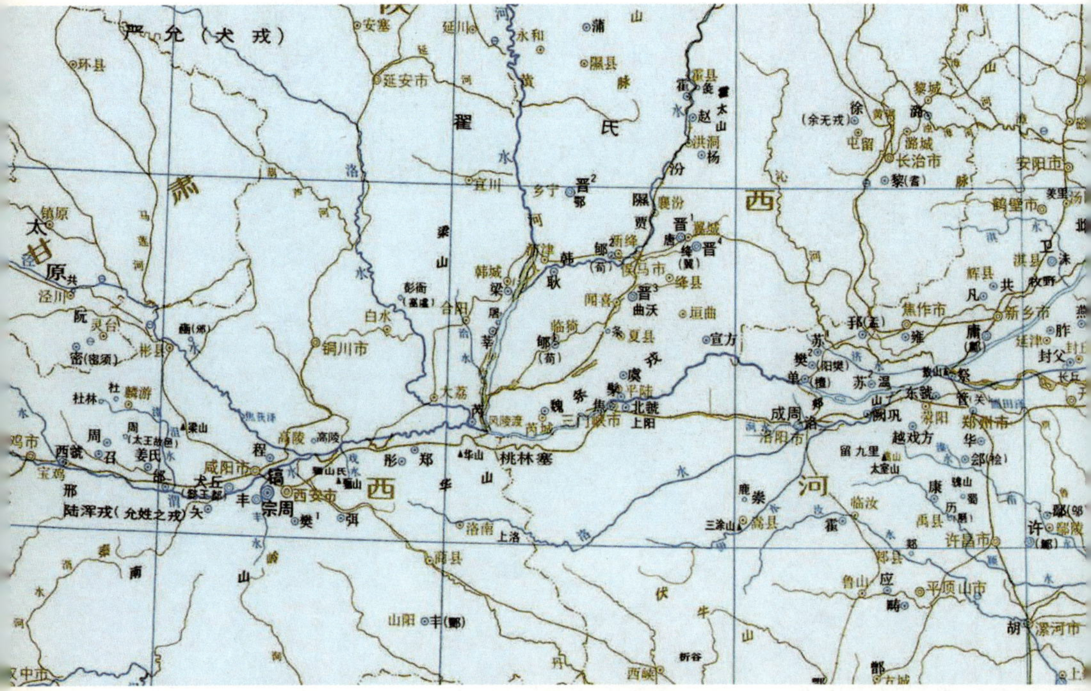

西周东虢国地理位置

（今河南上蔡）。另封老成干练的姬仲（周文王的弟弟）于虢（guó）地，名东虢国，地望在今荥阳故城西北。那时，齐、鲁、卫、宋、陈等都已建国，东虢国正处在东方诸侯西向朝周的要道上，起着捍卫两京（镐京、丰京，今西安市长安区沣河两岸）门户锁钥的作用，地位非常重要。东虢国一直存在了 264 年。

周平王四年（公元前 767 年），郑国灭掉东虢国，国君虢叔死于制（今荥阳广武镇一带），至此，东虢国退出了历史舞台，而郑国最终将国都定在新郑（新郑由此得名）。

郑武公因护送周平王东迁有功，周平王就把虢地赏给他。这时南方的楚国正想向中原扩张势力，就以周平王无故灭东虢国为借口，兴师问罪，一直打到京城洛邑附近。周平王很害怕，就把姬仲的后裔姬序找来，封在夏阳（今山西平陆），以平息矛盾，史称北虢。北虢仅为小国，再也没有了西周时期公侯大国的风光。

郑庄遗址

郑庄遗址位于古荥镇南王村郑庄自然村西 100 米的台地上，为西周时期的文化遗存。

遗址东西长 300 米，南北宽 200 米，面积 6 万余平方米。遗址文化层堆积厚度一般为 1 至 2 米，最厚处达 4 米以上，文化遗迹有陶窑、灰坑、墓葬等。

郑庄遗址现状

遗址范围内，地面上散存大量的陶片和少量的骨、石、蚌器等。采集的遗物主要是陶器残片，器形有夹砂红陶鬲、盆、豆、瓮、簋、器盖等。陶质以泥质灰陶为主，夹砂灰陶次之，还有夹砂红陶等。陶器表面多饰绳纹，还有部分弦纹。从器形特征看，与陕西周原出土的同类器物相近，属典型的西周遗物。根据采集标本特征判断，此处为西周时期的文化遗存。

第五章

春秋战国时期的群雄逐鹿

CHUNQIU ZHANGUO SHIQI DE QUNXIONG ZHULU

公元前 375 年，韩哀侯灭郑，并其国，并将国都迁到新郑。由于韩国疆土狭长，且山多地少，人口稀疏，国力较弱，因此大力营建荥阳城。到目前为止，史学界一致认为，荥阳之名的出现，始于战国。《读史方舆纪要》记载：“战国时，韩曰荥阳。”荥阳得名于荥泽，城建在荥泽西北岸，岳山（今广武山）之南，山南为阳，水北为阳，故称荥阳。

践土之盟

春秋时期的荥泽附近最早被称为“践土”，属郑国地区，“践土王宫”是古荥阳城史册记载中最早的建筑。《读史方舆纪要》及《荥泽县志》中有记载：“荥阳故城内东北隅有践土台。”著名考古学家荆三林据此进一步考证，认为践土就在古荥镇荥阳故城。

古荥阳城（今古荥镇）的奠基者，是春秋五霸之一的晋文公。也正是在这片土地上，晋文公正式确立了霸主地位。

晋文公是我国春秋时期晋国的国君，献公之子，

春秋五霸分布图

名重耳。因献公宠爱骊姬，想立骊姬生的儿子奚齐为太子，狠了狠心便杀死了太子申生，另外两个儿子重耳和夷吾感到性命难保，都逃到诸侯国避难去了。

晋献公死后，夷吾夺取了君位，又感到重耳是个祸患，便想除掉他，重耳不得不到处逃难。重耳在外奔逃 19 年，62 岁时借秦国国君秦穆公之力回国即位，在位期间重耳重用有才干的赵衰、狐偃等大臣，发奋图强，国力日益强盛。公元前 635 年，晋文公利用周王室发生内乱、周襄王出居郑国避难的时机，兴兵勤王，获胜后护送周襄王回国，除得到周襄王的大量土地赏赐外，还提高了晋文公在中原诸侯中的威望，真是一举两得。

当时，楚国势力强盛、声威方震，晋文公联络齐、秦，与楚国针锋相对，争夺中原霸权地位。公元前 632 年四月初四，楚军和晋军在城濮（今山东鄄城西南）一带对峙。晋文公为答谢自己过去流亡楚国时受到的礼遇和当时许下的诺言，下令全军“退避三舍”（一舍为 30 里），这样既可以避开楚军锋芒，又可以诱敌深入，同时靠拢齐、秦军队，便于声援。但楚军统帅子玉刚愎自用，不听楚成

践土会盟

王“知难而退”的告诫，贸然孤军深入直扑晋军驻地，造成楚军战线过长、后方空虚，给敌人以可乘之机，结果大败而归，子玉羞愤自杀。

城濮之战在春秋历史上具有重大意义，它扼制了楚国的北进势头，稳定了中原形势，奠定了晋国的霸主地位。

城濮之战后 20 多天，晋文公为了获取周天子对他的支持，提高自己的威信并确立霸主地位，便率领大军到达郑国北部，在践土（今古荥镇东北）为周王室修筑王宫，准备请周襄王前来，并约鲁、齐、宋、蔡、郑、卫等诸侯国会盟。

公元前 632 年夏，周襄王应晋文公之邀，移驾践土。经晋文公精心安排，践土会盟盛大而隆重地举行了。

第一步是献俘仪式。晋文公遵照周礼，把俘获的楚国兵车一百辆、士兵一千人、兵器盔甲数十车献给周襄王。

第二步是回礼。周襄王设享礼，用甜酒招待晋文公，又允许晋文公向自己回敬酒。周襄王命王室卿士尹氏、王子虎和内史叔兴父

践土会盟盛大举行现场

用策书任命晋文公为诸侯的领袖，并赏赐晋文公大辂车（用黄金装饰的车）、大戎车各一辆及整套服饰仪仗，红色的弓一把，红色的箭一百支，黑色的弓十把，黑色的箭一千支，一卣（yǒu）香酒，还有玉勺，以及三百名勇士，说："敬服王命，以绥四国，纠逖（tì）王慝（tè）"（见《左传·僖公》），意思就是希望晋文公恭恭敬敬地服从天子的命令，安抚四方诸侯，惩治邪恶。"晋文公辞谢了三次，然后接受命令，说："重耳谨再拜叩头，接受和宣扬天子的重大赏赐和命令。"

第三步是盟誓。第二天，晋文公穿上天子刚送给他的"大辂之服"，与鲁申、卫武、蔡甲午、郑捷、齐潘、宋王臣、莒期一起，在周王室的代表王子虎的主持下，登上高坛，杀牛祭天，执牛耳与众诸侯歃血为盟："共辅王室，无相害也，有渝此盟，明神殛（jí，杀死）之，俾队其师，无克祚国，及而玄孙，无有老幼"（见《左传·僖公》）。

至此，在尊王的旗帜下，晋文公顺理成章地登上霸主宝座。

垂陇之盟

公元前 628 年，一代霸主晋文公去世，继位的晋襄公要将晋文公的霸业发扬光大，就暗中寻找新的对手。当仔细观察前来朝见祝贺的诸侯时，唯独与晋文公恩怨甚深的卫成公没来，并且还乘晋国政权交接之际，发动了对郑国的战争。于是卫国理所当然地成为了首个被打击目标，原因就是卫成公没有来朝见晋襄公，对霸主没礼貌，必须要讨伐。

第二年，晋襄公亲自带兵向卫国进军，路经周王室驻地，中军佐先且居提醒晋襄公："卫国不朝拜晋国，我们要攻打他；如今我们不去朝拜周天子，恐怕难堵天下悠悠之口！打仗我来，您还是去见见天子吧！"晋襄公思量着：己且不正，何以正人？于是就按照中军佐先且居所谏，前往温（今温县）朝拜周天子。中军佐先且居带兵讨伐卫国，攻占戚（今濮阳），并俘获卫大夫孙昭子孙炎。

卫成公自知不是对手，就向楚国的附属国——陈国求救，并试图以陈国为纽带，将楚国拉入战斗。陈共公为卫成公献计谋，说："不怕，你与其让晋国主动攻打你，不如你去攻打晋国。"没想到这个荒唐的建议竟然被卫成公接受了，还真派大将孔达率军攻打晋国，结果可想而知，大败而归。晋襄公非常震怒，一气之下，将卫国的戚邑划入晋国的版图。

公元前 625 年六月，晋襄公决定召集诸侯盟会，一起商议攻打卫国的后续事宜。为了摆出盟主的架子，晋襄公认为司空士縠（gòu）能够胜任这件事，自己没必要亲自去。于是就让司空士縠去主持盟会，地点定在垂陇。垂陇在春秋时期是郑国属地，当时属交通枢纽和各国居中的位置，因此古代诸侯多盟会于此。盟会召开那天，郑穆公、宋成公、陈共公与鲁国大夫公孙敖都来了，晋国仍为诸侯盟主。盟会中，陈共公出面替卫国求情。为了让晋国有一点面子，陈共公捎信给卫成公，让他将进攻晋国的大将孔达抓起来，交给晋国处置。当时，秦国大将孟明视已兵临晋国城下，欲报崤山之仇。晋国见陈国、卫国采取了这样一个措施，也乐得顺水推舟，就关押了大将孔达，宣布结束对卫国的战争。

会盟结束后，中军佐先且居便果断地撤兵回国迎战秦军，于彭衙（今陕西白水东北）再次大败秦军，从此晋国声威更加煊赫。

垂陇会盟

这次会盟是以晋为主的结盟，是首次以司空（士縠仅是大夫身份，相当于卿）出面主持与诸侯的盟会。这就出了一个难题：史书怎么记载排名顺序呢？“士縠”的名字记不记呢，以前是很少写大臣名字的。史学家商议后认为，尽管士縠是“主席国”代表，但是还是要以地主国、国之大小、职位高低来排。因此，《春秋》把郑穆公排在了前头，将士縠的名字放在了最后。《左传·文公》记载：“六月，穆伯会诸侯及晋司空士縠盟于垂陇，晋讨卫故也。书士縠，堪其事也。”

《左传·文公二年》载：“穆伯会诸侯及晋司空士縠，盟于垂陇。”史称“垂陇之会”。

垂陇邑，又名垂敛邑，春秋时期郑国属地，地处中原，古代诸侯多盟会于此。垂陇城今在古荥阳城东二十里，郑州北部东赵村附近。

邲之役

争取郑国是晋、楚两国斗争的焦点，楚国若能降服郑国，则能封锁晋国南下之路，进而控制中原。为此，两国就围绕郑国展开了长久的争夺。

公元前597年夏，晋国为保持霸主地位，解救被楚国围困的郑国，派大军渡过黄河，驻扎在敖山和鄗山（今古荥镇北部）之间，与楚军遥相对垒。双方在邲地（今惠济区北部）展开大战，史称“邲之役”，又称“两棠之役”。

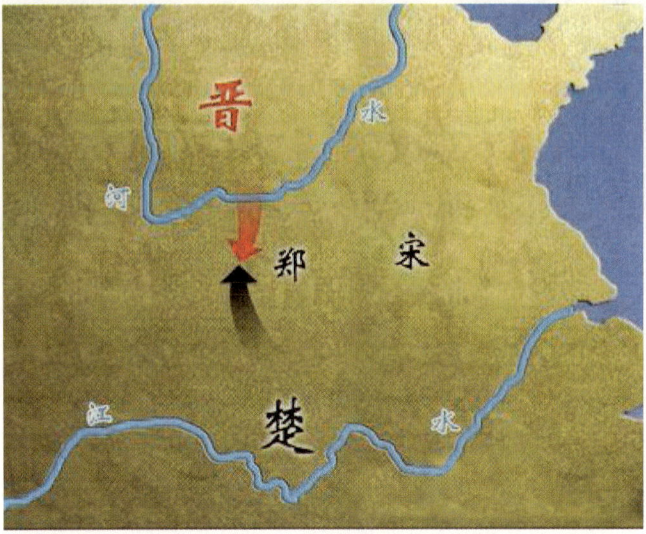

邲之役形势图

晋楚争霸

“邲之役”是晋楚争霸中原的一次重大较量，楚国在此次战役中一洗城濮之战中失败的耻辱，在中原争霸中暂时占据上风，楚庄王也由于此役的胜利取代晋国国君成为中原霸主，而郑国作为周王朝分封的诸侯国之一，由于位于天下中枢要冲，也属当时五霸之初的盟主。

韩国始建荥阳城

公元前375年，韩哀侯灭掉了郑国，疆域得到了扩大并将国都迁到新郑。由于韩国疆土狭长，且山多地少，人口稀疏，国力较弱。为了防御秦国的东侵和东方魏国的西侵，并保证国都新郑的安全，韩国才大力营建荥阳城。公元前320年，荥阳城建成。到目前为止，史学界一致认为，荥阳之名的出现，始于战国，

荥阳故城城墙

荥阳故城碑

《读史方舆纪要》记载："战国时，韩曰荥阳。"荥阳得名于荥泽，城建在荥泽西北岸，岳山（今广武山）之南，山南为阳，水北为阳，故称荥阳。

荥阳城的大规模扩建，对韩国经济的发展、综合国力的提升起到了积极的推动作用。其历史功绩不可泯灭。

现荥阳故城遗址面积约 3.5 平方公里。城垣呈不规则长方形，南北长约 2000 米，东西宽约 1500 米，周长约 7000 米。除东城墙被河水冲毁外，其他三面城墙目前基本上保存完整。

鸿沟水系的开凿与荥阳的发展

据档案史料记载，魏惠王十年（公元前360年），魏惠王从敖山（今广武山）东北的荥口引黄河入济水，经荥泽过圃田泽，再引水向东，以济大梁。东方各诸侯国也根据本国经济发展的需要，逐段予以衔接，“自是之后，荥（泽）阳下引河东南为鸿沟，以通宋、郑、陈、蔡、曹、卫，与济、汝、淮、泗会。于楚，西方则通渠汉水、云梦之野，东方则通（鸿）沟江淮之间。于吴，则通渠三江、五湖。于齐，则通菑济之间。……此渠皆可行舟，有余则用溉浸，百姓飨其利。至于所过，往往引其水益用溉田畴之渠，以万亿计，然莫足数也”

鸿沟标识碑

（见《史记·河渠书》）。

从此，鸿沟水系便开始成为中国古代东南部水上交通运输的大动脉，通航水域有了较大的扩展，在全国范围内产生了深刻影响。而荥阳正是总绾这几条河道的地方。由此，荥阳东有鸿沟通淮泗，北依山而临黄河，南面遥望京索连嵩山，西过虎牢关接洛阳、长安，地势险要，交通便利，为南北之绾毂、东西之孔道，不仅是韩国境内连接河南、河北的命脉，而且是各国间交通的总枢纽。《盐铁论·通有篇》载："燕之涿、蓟，赵地之邯郸，魏之温、轵，韩之荥阳，齐之临淄，楚之宛丘，郑之阳翟，三川之二周，富冠海内，皆为天下名都。"这说明在鸿沟这个运河水系下，全国都纳入其交通网络内，各地物资交换频繁。

鸿沟的开凿，发展了交通，相应地刺激了商业、造船业和手工业的发展，对农业的发展也起到了巨大的作用。

鸿沟（一）

鸿沟的开凿，使得从荥阳城到定陶，再到彭城、寿春等，兴起了一系列的经济都会。这不仅促进了黄淮海平原水运交通的发展，也使得周边地区和长江中下游的吴楚地区有了文化交流。荥阳城在这些政治、军事、经济、文化活动中起到了控制性作用，在总体上发挥着中转枢纽的关键作用。

由于荥阳交通位置优越，战略地位重要，所以很快成为天下名城。当时的荥阳，人口大量聚集，有规模宏大的官署衙门，有达官贵人、富商巨贾，有各种手工作坊，有进行贸易的市场，城内店铺林立，热闹非常。

秦国引鸿沟水灌大梁

秦王政二十一年（公元前 226 年），秦军在攻占燕都蓟、取得北方决定性胜利的同时，将主攻方向转向南方，派名将王翦之子王贲率军进攻楚北部地区（今河南南部），占领十余城。在予以一定打击，使其不敢轻举妄动，保障了攻魏秦军的侧背安全后，即回军北上，于秦王政二十二年（公元前 225 年）突然进袭魏国，包围了魏都大梁（今河南开封），此时的大梁城不但城大墙高深，周围还有纵横交错的水网，既是补给大动脉，又可以有效地阻挡敌人的攻势。魏军依托城防工事，拼死防守，秦军无数次攻到城下却再也进展不得。

水灌大梁

经历过屡攻不下的教训，秦国将目标转向夺取大梁周边地区，把那些护卫大梁的水网全部掌握在自己的手里，然后对水网进行了一系列改造，即“引河沟水而灌大梁”，滔天大水将大梁团团围住，三个多月后，大梁城因浸泡严重而倒塌，魏国就此灭亡。

大梁遭此浩劫，成为废墟，鸿沟水系也受此影响变得紊乱。

第六章

秦统一中国后的荥泽

QIN TONGYI ZHONGGUO HOU DE XINGZE

秦始皇二十六年(公元前211年),秦灭六国,并天下,建立了统一、多民族、专制集权的封建帝国。秦统一中国后,推行郡县制,在郑州设置荥阳、巩、京、新郑、苑陵等县,分别隶属于三川郡和颍川郡。“分天下以为三十六个郡,郡置守、尉、监”(见《史记·秦始皇本纪第六》)。

三川郡治荥阳

由于荥阳城重要的军事地位和特有的交通优势以及雄厚的经济实力，长期以来，荥阳一直是诸侯列强觊觎的目标。尤其是雄踞秦陇的秦国，更是把荥阳视为其东出函谷关，吞并东方六国的阻碍而虎视眈眈。《史记》记载：“秦庄襄王元年，蒙骜为秦将，伐韩，取成皋、荥阳，作置三川郡。”三川郡治设荥阳。它是秦国在中原的一个主要据点，控制着东方各国的活

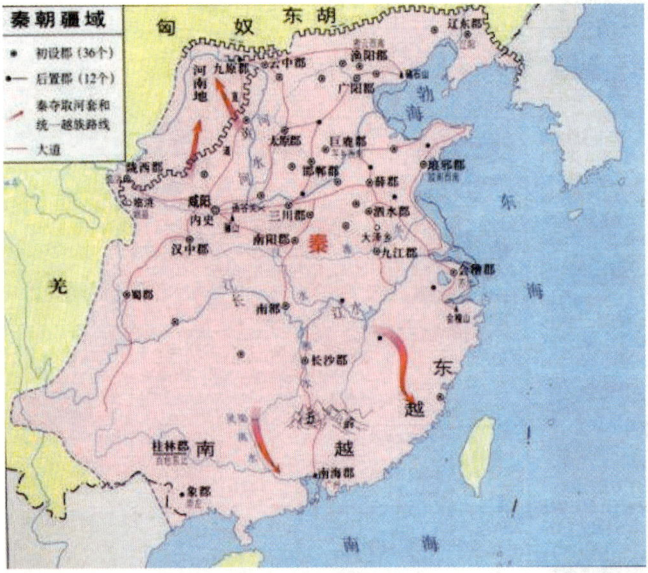

三川郡分布图

动，且以境内有荥川、洛川与黄河，而得名三川郡。

秦始皇二十六年（公元前 211 年），秦灭六国，并天下，建立了统一、多民族、专制集权的封建帝国后，“分天下以为三十六个郡，郡置守、尉、监”（见《史记·秦始皇本纪第六》）。此时荥阳为三川郡郡治，李由（李斯之子）为三川郡郡守。为了增强三川郡的防御能力，以确保京都咸阳平安无恙，李由率领当地军民掘宽深挖护城河并对城墙进行了大规模的加固维修，使荥阳城的攻防条件更加完备。

荥阳作为三川郡的郡治和秦王朝著名的军事重镇，在当时可谓是中原地区政治、经济、文化、交通中心和秦国的东方门户。

敖仓

秦国占据荥阳后，利用鸿沟水系和济水等河流，把在南方征集的大批粮食运往北方，并在鸿沟与黄河分流处兴建规模庞大的敖仓作为转运站。敖仓是建在荥阳城北敖山（今广武山）上的硕大仓廪，为当时储存粮食与物资储备的最大集散地。荥阳由此又成为秦国进攻东方六国的重要军事中枢要冲。同时，依托山

敖仓遗址

川地势，总缩鸿沟与济水，不仅是天下漕运商贾集散的水陆码头，相毗邻的广袤平原，也是一个桑蚕丝绸、渔樵农耕和粮食生产的基地。

西汉时期，政府又对其重修，并设置敖仓官治理仓务，直属中央。当时的敖仓当关中与东南之冲，且储粮丰富，战略价值极其重要。东汉时期，敖仓军事意义削弱，但仍为重要战略目标。新地皇三年（公元22年），王莽为打击赤眉军，特派遣大将军阳浚守敖仓，说明其重要性。魏晋南北朝，敖仓被废置。后期，随着南方的崛起和中国南北对峙局面的频繁出现，豫西一带整体的战略价值下降，敖仓的军事意义逐渐被忽略。

敖仓城依山而建，平面呈不规则形。现存南城墙残长400多米，西墙400多米，东墙100余米，北墙已被黄河浸没，残墙最高处约6米。该城不仅是秦汉之际楚汉争夺的军事要地，在中国运河史上也具有重要的历史地位。

吴广围荥阳

秦二世元年（公元前 209 年），秦二世胡亥继位后，施以暴政，致怨声载道，民不聊生。七月，征发民夫戍守渔阳，因天大雨，误了期限。秦王朝法令规定，误期就要杀头，即便侥幸不死，戍守边塞的人也要送命。陈胜、吴广振臂一呼："王侯将相宁有种乎？"假借公子扶苏、楚将项燕之名，宣布起义，拉开了秦末农民起义的序幕。百姓苦秦久矣，纷纷揭竿而起，

陈胜、吴广

陈胜、吴广起义

一时间，反秦的烈火燃遍了大江南北。

荥阳是通向关中的要道，附近又有囤积粮食的敖仓，陈胜派吴广率重兵进攻荥阳，李由（当时秦相李斯之子）坚守，加上城防坚固、易守难攻，兵精粮足，再加上李由多智善谋、守城有方，荥阳久攻不下，被秦军左右夹击，导致围攻荥阳的农民起义军腹背受敌。

陈胜派大将周文绕过荥阳，直取关中，以图解围荥阳困境，未果，且荥阳城已军心浮动。这时，义军将领田臧，指责吴广骄傲自大，不懂兵法，便假借陈胜的命令于荥阳杀死了吴广，随后义军被秦将章邯击败，起义以失败告终。

围攻荥阳的失败，给陈胜的起义军造成了无可挽回的巨大损失，成为起义军由胜转败的一个关键节点。

第七章

两汉时期的荥泽

LIANGHAN SHIQI DE XINGZE

秦末，天下揭竿而起，经过楚汉之争，刘邦击败项羽，公元前202年，刘邦称帝，国号汉，定都长安（今汉长安城遗址），史称西汉。

西汉，三川郡治移到洛阳，不久，改为河南郡，荥阳降为县，县治在荥阳城（今古荥镇）。荥阳虽然降为县制，但荥阳有着数百年雄厚的经济基础，加上其水陆交通的枢纽作用，仍是一个重要的城市，其繁荣景象仍如以前。《汉书·地理志》曰：“河南郡，故秦三川郡……有工官、铁官、敖仓在荥阳。”这时期，荥阳是河南的经济重地和交通中心，是西汉的东方门户，在全国仍具有相当重要的作用。

两汉时期荥泽、鸿沟的变迁

（一）荥泽淤为平地

由于受黄河泥沙的淤塞和黄河逐年侵道南溢，加上荥泽水又源源不断地顺鸿沟东下，至西汉平帝时（公元 1 年前后），浩渺无边的水面因逐年干涸变成了广漠的沼泽而逐渐失去其航运中枢的功能。

东汉明帝永平二年（公元 59 年），荥泽终被淤为平地。

（二）鸿沟的变迁

西汉时，鸿沟被称为蒗荡渠、狼汤渠。《汉书·地理志》云：“荥阳，有狼汤渠，首受泲（济），东南至陈入颍。”

东汉称为汴水、汴渠、浚仪渠，引黄河水口门谓之水门、浚仪渠口。长期以来，东汉王朝十分重视汴渠的整治，当时鸿沟水系的许多支流因黄河泛滥而淤塞，只有其主水道汳（汴）水尚未断流，这条水道时称汴渠。

楚汉战争

继陈胜、吴广之后，刘邦、项羽起义军西入关中，推翻了暴秦。而后，刘、项为争夺天下“中原逐鹿”，又开始了长达五年之久的楚汉战争。荥阳作为楚汉战争的主战场，历经“京索之战”“荥阳之战”“广武对峙”的洗礼，又经历了楚汉约定“鸿沟为界，中分天下”。由此见证了楚汉战争的硝烟并且留下了众多历史故事。

（一）京索之战

京索之战是彭城之战后楚汉争霸期间又一著名战役。这场战役发生在京水和索水之间（今惠济区东部

京索之战

贾鲁河与索须河一带）。

彭城之战中汉军大败，刘邦被迫率领汉军撤退荥阳，楚军乘胜追击。留守关中的韩信得知刘邦彭城战败，遂率部迅速赶往荥阳支援刘邦，韩信沿途收拢人马与刘邦汇合，利用荥阳有利的地形，组织骑兵于京索一带大败楚军，使得楚军不能再向西追击，楚军被迫退回彭城修整一年。激烈的骑兵攻防是楚汉京索之战的主要特点，这是中国古代战争史上较早的骑兵作战的典型战例。

京索之战本身的规模在楚汉战争中并不甚大，但它在战略上却对楚汉战争的全局影响较深。可以说，京索之战标志着楚汉战争试探性序幕战的结束，战争进入双方凭实力艰苦角逐的对峙阶段。

（二）荥阳之战

1. 刘邦困于荥阳

汉高祖二年（公元前 205 年），刘邦在彭城（今徐州）被项羽杀得大败，弃下父亲及妻儿逃到荥阳。汉军据荥阳，令军士筑甬道取敖仓储备的粮食，接济军队。汉军依靠敖仓丰盈的物资供应，衣食无缺，屡败楚军。第二年，项羽听取谋士范增之计，命大将钟离眛绕道迂回，屡次侵夺甬道，致使敖仓输粮中断，遂围攻荥阳。汉军缺乏食物补给，刘邦请求和解，原本要分割荥阳以西为汉，以东为楚，项王不同意。

2. 陈平离间计

在荥阳城风雨飘摇之际，刘邦采用陈平的计谋花重金离间项王的谋士和大将。项羽很快被“离间”，他对手下的猛将钟离眛等人“疑而不用”，于是“剥夺”了他们的兵权，暂缓了对已是摇摇欲坠的荥阳的进击。他对手下的谋臣范增“疑而不听”，于是“剥夺”了他的建议权，范增借口年迈告老还乡，遂病死于归乡途中。项羽得知范增死讯，方知自己中了离间之计，于是下令军队加紧攻城。但此时荥阳城固若金汤，久攻不下。城内的汉军此时也是内无粮草、外无援兵，虽将士奋勇御敌但还是突围无望。五月，汉军粮食短缺，死伤惨重。汉王想要脱困，苦于没有良策，荥阳故城即将陷入倾覆的危机。

3. 纪信诈降救主

正当汉王君臣生死攸关、荥阳孤城危如累卵之际，汉将纪信挺身而出，愿扮汉王诈降项羽，让刘邦乘机逃走。是夜，陈平派了两千名女子，列队徐出东门，纪信扮作汉王，坐着汉王的车，最后出东门诈降。楚军都涌到东门观看。此时，陈平等人拥着刘邦带领数十骑从荥阳西门潜逃成皋，并派御史大夫周苛守荥阳。项羽本是个讲信用的人，见投降的是纪信，得知刘邦已逃，自己受骗，恼羞成怒，放火烧死了纪信，从而引出了一出惊动历史的纪信替主而死的悲壮故事。纪信死后，当地百姓收其遗骨葬于城西南隅孝义堡。后来，项羽攻破荥阳，俘获了周苛、枞公，二人拒降，痛斥项羽，项羽又把周苛烹死，杀了枞公，二人和纪信都被葬在了西南城外，即后来的纪公庙和周苛庙、枞公庙。

纪信诈降

（三）广武对峙

项羽占领荥阳后，率军西进攻打成皋。刘邦自知兵力不敌，与夏侯婴从成皋北门出逃渡过黄河与韩信、张耳汇合，兵力得到了补充。汉高祖四年（公元前 203 年），刘邦趁机取成皋，在广武山屯兵筑城抵御楚军进攻。项羽击溃彭越后，得知成皋失守，遂率军折回成皋。大军行至广武山涧遭遇汉军阻拦，楚军退回广武山南麓筑起城池与汉军隔广武涧对垒。刘邦在荥阳扼鸿沟之险、据敖仓之粟，得以与楚军对峙。

（四）鸿沟和议

汉高祖二年（公元前 205 年）四月，汉王刘邦在彭城（今徐州）被楚王项羽杀得大败，弃下父亲及妻儿，收拾残兵败将逃到荥阳城（今古荥镇），加上萧何从关中调来的老弱兵民，利用荥阳居高临下、天然险阻的地理优势，在荥阳一带构筑了一道坚固的防线，军队暂时得到补充和休整。

为取得敖仓的粮食，汉军筑了一道与黄河南岸相连接的两边有墙的甬道。甬道建好后，楚军多次侵夺、破坏，最终断了汉军的后勤供应。汉军粮食匮乏，城中兵马多、开销大，刘邦心里恐慌，请求讲和，条件是把荥阳以西的地盘划归汉军。项羽准备接受这个条件，但历阳侯范增却说："现在汉军容易对付了，如果不趁机征服他们，却要放虎归山，以后一定会后悔的！"项羽觉得历阳侯范增的话有道理，便下令立即包围了荥阳。

刘邦请求和解，遭项王拒绝，于是就采用了陈平的计策离间项王君臣关系。

一次，项羽的使者来了，刘邦让人准备了特别丰盛的酒筵，那人端过来刚要进献，一见使者又装作惊愕的样子，说道："我们以为是亚父的使者，没想到却是项王的使者。"把酒筵又撤了回去，换成粗劣的饭食给项王使者吃。使者回去就向项羽报告了这件事，项羽竟真的怀疑范增和刘邦有私情，就渐渐地剥夺了他的权力。范增非常气愤，说：“如今天下事大局已定，大王您自己看着办吧。希望您把我这把老骨头赐还给我，让我回乡为民吧。”项羽还真答应了他的请求。范增启程走了，还没走到彭城，背上毒疮发作，遂含恨身亡于归乡途中。

由于粮草匮乏，荥阳危在旦夕。这时候，刘邦手下有一名忠心耿耿的武将，叫纪信，英勇善战，鸿门宴上曾保护刘邦抄小路逃走。他向刘邦建议，愿冒充刘邦去诈降，让刘邦脱身。刘邦苦无对策，就同意了。傍晚时分，荥阳城东门突然放出了两千名女子，纪信趁着黑夜打扮成刘邦的模样，坐上刘邦专用的王车，出荥阳东门“投降”。听说荥阳城中粮草已尽，刘邦要来投降，还有大量女子，吸引了几乎所有围困荥阳城的楚军的注意力，都跑到荥阳城东门去看热闹，认为战争终于该结束了，能回江东老家了，都高呼“万岁！”。待纪信出了东门，刘邦带着几十骑迅速从西门逃出，奔到了成皋城，又从成皋城北渡黄河而去。项羽出城纳降，仔细一看，不是刘邦，便喝声问道：“刘邦在哪儿？”纪信不慌不忙地答道：“汉王已经安全出城，你们追不上了。”项羽大怒，下令用火烧死纪信，赶忙派兵追赶刘邦，但已经来不及了。一年后，项羽攻下荥阳城，守城的周苛不为项羽许诺的高官厚禄所动，痛骂项羽，被烹而死。项羽又向西攻下了成皋城。恰在这个时候，魏王彭越攻占了项羽的老巢下邳，杀了楚国将军薛公，项羽不得不回师解救。临行前，他让大司马曹咎守成皋，反复叮嘱曹咎“谨守成皋，若汉挑战，慎勿与战”，意思就是，不管遇到什么情况都不要出城，待我收拾了彭越，马上就回来。

刘邦逃过黄河来到修武，夺了韩信的兵权，听说项羽走了，便要领兵再渡黄河回攻荥阳，但被郑忠劝阻了，于是在黄河北岸修筑营垒暂时驻扎下来。汉王派刘贾率兵去增援彭越，烧毁了楚军的粮草辎重。项羽实在太强大了，不久就打败了刘贾，赶跑了彭越。刘邦感到不能再拖延了，便率领部队南渡黄河，趁楚军兵力空虚引兵

刘邦使用"激将法"大败楚军

取成皋。因成皋城在山上很难攻取，刘邦便采用"激将法"引曹咎出战。一连几天叫骂，骂曹咎"是懦夫""不是大丈夫，连妇女都不如"。大司马曹咎实在忍受不了刘邦的侮辱，头脑发热，就忘记了项羽的告诫，引兵出城与刘邦决战。当曹咎过汜水渡到河中间时，刘邦军队向曹咎发动了进攻，万箭齐发，大部分楚军士卒被射死在水中，死伤惨重。曹咎见大势已去，拔剑自刎于汜水。

项羽听说成皋又被汉军占领，荥阳危急，立刻率军回救。刘邦正在荥阳东围攻钟离眛的军队，一听说项羽大军将至，便迅速脱离战场"尽走险阻"，跑到了广武山上的西广武城（今汉王城）。项羽军队赶到，追赶汉军占据了广武山上的东广武城（今霸王城），隔着中间的广武涧与汉军对峙。对峙期间，双方都投入了大量人力、物力和财力，但都不能前进一步。古时汴水从广武涧穿过，因此广武涧是鸿沟水系的一部分，成语中有"不可逾越的鸿沟"一说。

项羽的大本营在彭城，运往广武前线的战略物资时常被彭越等人劫掠，而刘邦的大本营在关中，萧何坐镇关中，运输线畅通，兵员及战略物资源源不断地运往广武前线。对峙期间，大将军韩信趁楚军后方兵力空虚，左冲右突，占领了不少项羽的地盘，使楚军主力不断被孤立。项羽感到了危机，想尽快与刘邦进行一场决战，而刘邦就是坚守不出。不久，项羽想在刘邦父亲身上做点文章，于是命人做了一张高腿案板，把刘邦父亲太公搁在上面，叫刘邦出来对话，说："现在你如果不赶快投降，我就把太公煮了。"刘邦无能为力，无奈地说："我和你作为臣子一块儿接受了怀王的命令，曾说'相约结为兄弟'，这样说来，我的父亲也就是你的父亲，如果你一定要煮了你的父亲，就希望你能分给我一杯肉汤。"项羽大怒，要杀太公。项伯劝道："天下事还不知道怎么样，再说要夺天下的人是不顾及家的，即使杀了他也不会有什么好处，只会增加祸患。"项王听了项伯的话，就没有加害太公。

楚汉长久相峙，胜负未决。项羽约刘邦隔广武涧对话，要与刘邦单打独斗，一决雌雄。刘邦哪里是力能举鼎、能征善战的项羽的对手，笑着说："吾宁斗智，不斗力。"弄得项羽很是郁闷。一天，项羽让手下勇士在两军阵前挑战，刘邦手下有一个叫楼烦的人射箭水平很高，项羽出来挑战的三个人都被楼烦射杀。项羽大怒，亲自披甲上阵，楼烦正要向项羽发箭，只见项羽圆眼一瞪，大喝一声，楼烦"目不敢视，手不敢发"，飞快逃入城中。刘邦大为吃惊，为了鼓舞士气，亲自出城至广武涧边，一口气列举了项羽的十项大罪，气得项羽张弩向刘邦射去，一下射中了刘邦的前胸。刘邦为了稳定军心，马上弯腰摸了下脚，说"项羽小儿射中我的脚趾头了！"转身回到城中。因伤势严重，刘邦卧床不起。为安定军心，张良劝刘邦强打精神、强忍疼痛到军队中走一圈，也让项羽知道汉王身体无恙，不给对方可乘之机。刘邦依计到军中巡视一圈后，便到成皋城中治病疗伤了。

这期间，鸿沟以东的绝大部分地区相继被汉军占领，刘邦士卒气盛，粮草充足；项羽却远离封国作战，粮道和后路已经被切断，士卒疲惫，粮食告绝。楚由强转弱，汉由弱变强。刘邦觉得有谈判的资本了，便派陆贾去劝说项羽，要求放回太公，项羽不答应。刘邦又派侯公去劝说项羽，并提出定约："鸿沟为界，中分天下""鸿沟以东为楚，鸿沟以西为汉"，两军不得随意越界展开军事行动。

项羽同意了这个条件，并归还了刘邦的父亲及妻儿，汉军官兵都高呼“万岁”。

按照定约，项羽就带上队伍罢兵东归了。刘邦也想撤兵西归，张良、陈平劝他说：“汉已据天下的大半，诸侯又都归附于汉。而楚军已兵疲粮尽，这正是上天亡楚之时，不如索性趁此机会把它消灭。如果现在放走项羽而不打他，就会养虎为患。”刘邦听从了他们的建议，背弃盟约，追击项羽撤退的大军，最终大败楚军于垓下(今安徽灵璧县南)，项羽自刎于乌江(今安徽和县东北)，楚汉战争结束。公元前202年，刘邦在洛阳称帝，建立西汉王朝，统一了中国。

周亚夫会师荥阳

公元前156年，汉景帝刘启即位。刘启为太子时，吴王刘濞（bì）的世子刘贤入京，与刘启喝酒下六博棋期间因棋路相争，态度不恭敬，刘启就拿起棋盘打刘贤，不料把他打死了，从此刘濞怨恨刘启，埋下了仇恨的种子。

汉景帝即位后，提拔儿时好友晁错担任内史，汉景帝对他言听计从，宠信程度超过了九卿，许多法令都是经他的手修改订立的，引起丞相申屠嘉不满。申屠嘉忧郁而死后，汉景帝提升晁错为御史大夫，位列三公，地位愈加显贵。

晁错经过分析，告诉刘启要特别提防诸侯势力最强大的吴王刘濞。刘濞已经暗中准备了四十来年，他私自铸钱，又煮盐贩卖，为了积蓄力量，还招纳逃犯，谋反之心越来越显露。晁错极力主张刘启削夺各王的封地，即削藩。

汉景帝二年（公元前155年），晁错向汉景帝再次陈述诸侯的罪过，请求削减封地，收回旁郡。上疏《削藩策》，指出："今削之亦反，不削亦反。削之，其反亟，祸小；不削之，其反迟，祸大"（见《史记·吴王濞列传》）。奏章送上去，汉景帝命令公卿、列侯和皇族朝会讨论。因汉景帝宠信晁错，没人敢公开表示反对，只有窦婴不同意。汉景帝听从了晁错的建议，下诏削夺赵王的常山郡、胶西王的六个县、楚王的东海郡和薛郡。汉景帝三年（公元前 154 年），又削吴王的豫章郡和会稽郡。诸侯哗然，都强烈反对。晁错强行削藩，冒着极大的风险，晁错的父亲劝解无效，服毒自尽。

吴王刘濞见朝廷开始动手，不愿束手就擒，就与最强大的胶西王联络，约定反汉事成，吴王与胶西王分天下而治之。胶西王昂又与他的兄弟、齐国旧地其他诸王相约反汉。刘濞还与楚、赵、淮南诸国通谋。削藩诏传到吴国，吴王刘濞立即谋杀吴国境内汉所置二千石以下官吏，与楚王戊、赵王遂、胶西王昂、济南王辟光、淄川王贤、胶东王雄渠等分别起兵，打着诛杀晁错、安定国家的旗号反叛作乱。这次叛乱共有七个诸侯王参加，遍及整个关东地区，形成东方诸王合纵攻汉的态势，震动很大，史称“七王之乱”。

刘启知道了七国反叛的消息，就和晁错商量出兵事宜。晁错建议汉景帝御驾亲征，自己留守京城。恰逢窦婴入宫，请求汉景帝召见袁盎。袁盎曾当过吴国丞相，于是汉景帝问计于袁盎。袁盎认为，吴楚七国造反不足为患，并请求汉景帝屏退旁人，献策说：吴楚叛乱的目的在于杀晁错，恢复原来封地；只要斩了晁错，派使者宣布

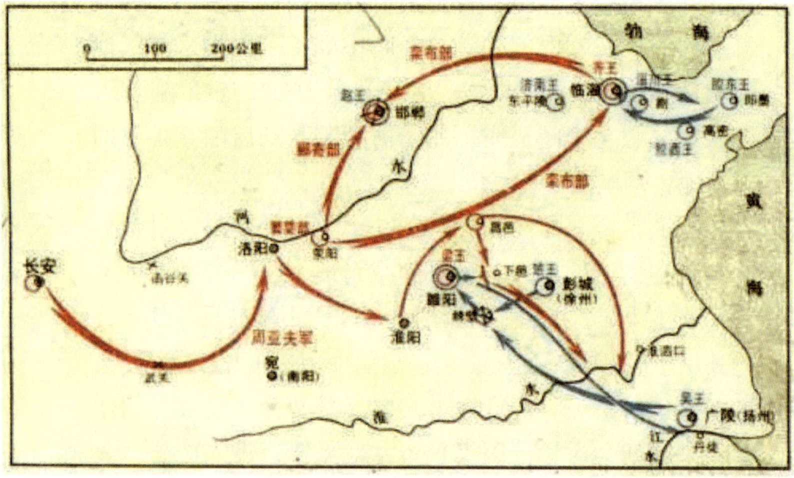

周亚夫平七王之乱

赦免七国，恢复被其削夺的封地，就可以消除叛乱，兵不血刃。汉景帝默然良久，决定牺牲晁错以换取诸侯退兵。于是封袁盎为太常，要他秘密整治行装，出使吴国。

袁盎献策十多天后，丞相陶青、中尉陈嘉、廷尉张欧联名上书，弹劾晁错，提议将晁错满门抄斩。汉景帝批准了这道奏章，此时晁错还毫不知情。于是汉景帝派中尉陈嘉到晁错家，下诏骗晁错上朝议事。车马经过长安东市，陈嘉停车，向晁错宣读了诏书，遂腰斩晁错。

周亚夫画像

诸侯叛乱，清君侧只是借口，诛杀晁错对内堵了忠臣之口，对外却为诸侯王报了仇，而叛乱并未停息。汉景帝无可奈何，便集中精力进行武力镇压。他派周亚夫为太尉，统率三十六位将军带兵前去迎击吴、楚叛军；派曲周侯郦寄攻打赵国；派将军栾布攻打齐国；派大将军窦婴驻守荥阳（今古荥镇），监督攻打齐国、赵国的汉军，护卫长安。

这时的叛军正在猛攻梁国（今商丘），周亚夫出长安后疾驰，准备在荥阳与诸将会师，领兵东进平叛。行至灞上，遇到一位名叫赵涉的士人，赵涉建议周亚夫再往右绕道进军，以免半路受到叛军的袭击。周亚夫听从了赵涉的建议，走蓝田、出武关、抵洛阳，最后顺利到达荥阳，一路上未打一仗、未损一卒。周亚夫高兴地说："今吾据荥阳，荥阳以东，无足忧者！"（见《史记·吴王濞列传》）。周亚夫在荥阳与众将军会师后，将荥阳交给窦婴镇守，率汉军主力绕过正在猛攻梁国的吴、楚叛军，直插至东北方向的昌邑（今山东巨野县），断其粮路。

经过三个月的激战，朝廷终于平定了七王之乱。汉景帝又借机削弱诸侯国领土，把诸侯任免官吏的权力收回，自此，诸侯名义上是封君，但已失去政权了。汉景帝平定七王叛乱，为后来汉武帝继续清除地方诸侯的势力奠定了好的基础。

西汉时期的荥阳冶铁业

汉代的荥阳是全国重要的冶铁基地。据考古勘测，汉荥阳城“在郑州西北 27 公里的古荥镇，最早建于战国时期。城垣略呈长方形，大部尚存。自古荥镇西北隅南伸至纪公庙村以东，临索须河折向东至故城村又北折百米左右。北城墙东到钓鱼台村拐向南与古城村城墙相接。东墙已被河水泛滥冲没，仅存东北、东南两个拐角。

古荥汉代冶铁遗址博物馆

故城南北长约2000米，东西宽约1500米，周长70000余米”。这是内城，外城遗址位于郑州西北古荥镇石河村南部、索须河北岸，荥阳故城南墙外760米。沿河筑建，东西现存残长800余米。

位于汉荥阳城西墙外的冶铁遗址于1975年发掘。这座遗址南北长400米，东西宽300米，面积约12万平方米，发掘时揭露面积为170平方米。遗址出土了汉代冶铁炉、水池、积铁、矿料以及大量范模、铁器等。古荥冶铁遗址中发现炼铁炉基两座，炉缸呈椭圆形，南北长轴4米，东西短轴2.7米，是迄今为止已知汉代铁炉中最大的。

汉代冶铁图

冶铁遗址共出土318件铁器，其中有犁、犁铧、铲、锛等农具；此外，还有矛、錾（zàn）、齿轮等铁器，部分铁器上有“河一”铭文，铭文的发现表明了此冶铁遗址的地位。公元前119年，汉武帝在全国设置铁官49处，仅在河南郡铁官所属冶铁作坊就有多处，根据这一史料及发掘资料可知，这里当时是西汉中、晚期至东汉时期河南郡铁官的第一冶铁作坊。出土的铁器经过部分金相检测，有灰口铁、白口铁、麻口铁、古代球墨铸铁等。其中，

汉代冶铁遗址铁块

球墨铸铁的特点是具有球状石墨和钢的基体，代表了我国古代一种独特的技术，此项技术领先于西方 1400 多年。由此可以看出，古荥汉代冶铁遗址的规模和技术水平都是不多见的，除此之外，曹村坡、郑庄、铁炉寨均是当时的冶铁基地，这从一个侧面反映出汉代荥阳城的繁荣和地位之重。

汉代冶铁遗址（一）

汉代冶铁遗址（二）

古荥汉代冶铁遗址微缩复原

汉代冶铁遗址（三）

汉霸二王城遗址

汉霸二王城遗址位于古荥镇北广武山（今邙山）上，两座城址中隔广武涧（今鸿沟）遥遥相对。

秦汉之际，刘邦与项羽对垒，修筑东、西广武城以为相持。西城为刘邦所筑，称汉王城；东城为项羽所筑，称霸王城。二王城中隔广武涧（战国时期鸿沟

鸿沟（二）

的组成部分），涧深 200 米，宽 100 米，口宽约 800 米，南北走向。此涧即“楚河汉界”。二王城之北紧靠黄河，西南万山丛错，地势险要。

现存的汉霸二王城由于黄河的不断冲刷侵蚀，早已失去原貌，特别是二王城的北墙已塌入水中。据 1980 年实测，残存汉王城东西长 515 米，南北长 190 米，墙宽 30 米，高约 6 米，最高处 10 米；霸王城东西长 319 米，南北长 340 米，墙宽 28 米，高约 7 米，最高处约 15 米。二王城夯层基本相同，均系平夯，用土呈黄褐色。汉王城西另有一夯土城，据传为张良所居之“子房城”。

汉霸二王城以楚河汉界为背景的文化资源丰富，特别是“楚河汉界”以其独特的历史见证留在中国象棋的棋盘上，是两千多年前那场楚汉战争的鲜活见证。

2013 年 5 月，汉霸二王城遗址被国务院公布为全国重点文物保护单位。

汉霸二王城标识碑

纪信墓和纪信庙

纪信墓位于荥阳故城西门外纪公庙村。

纪信（？～公元前204年），汉书高帝本纪作纪成，赵人，汉高祖刘邦的大将，被后人誉为“兴汉第一人”，是他舍身救主，成就了大汉王朝四百年基业。据《史记·项羽本纪》载，汉王三年（公元前204年），刘邦屯兵荥阳（今古荥镇），项羽率兵围攻，汉军粮草供应紧张。汉将纪信为汉王刘邦献计：“事已急矣，请为王诳楚为王，王可以间出”（见《史记·项羽本纪》）。

纪公庙大门

纪公庙纪信塑像

刘邦采纳其计，随命御史大夫周苛、枞公守荥阳，趁纪信假扮刘邦出行诈降之际，带数十骑从西门遁走成皋。项羽得知刘邦已逃走，怒焚纪信，葬残骸于此。

纪信墓地面现存圆冢高 9 米，周长约 120 米。1980 年初，郑州市博物馆对该墓进行过考古发掘。该墓系用 300 多块空心砖扣合而成，分两主室和耳室。墓室外圹长 9 米，宽 4.5 米，虽经多次盗掘，仍出土铜器、铁器、玉器、陶器和车马饰等 300 余件。后人为了表彰纪信的忠烈，又在墓南侧修建

纪公庙纪信墓

庙宇，全称“汉忠烈侯纪信庙”，在庙后墓地周边树碑勒石、赋诗、题词。现有唐代以后重修庙宇和赞颂纪信的碑刻30余块，其中以唐大周长安二年（公元702年）书法家卢藏用撰文并书丹的石碑最为珍贵。纪信作为中华民族忠孝节义思想的杰出楷模而深受历代执政者和人民大众的崇仰。

2008年6月，纪信墓和纪信庙被公布为河南省文物保护单位。

古荥镇纪公庙碑林

古荥镇纪公庙内殿

古荥镇纪公庙内历代碑刻

纪信衣冠冢墓道入口

东汉王景治河

王景，字仲通，乐浪郡诌邯（现属朝鲜平壤，当时属于东汉最北部的一个郡县）人，东汉建武六年（公元 30 年）出生，中国古代的一个奇才。王景的父亲为郡三老，因在东汉建国中立功，被封为列侯。由于出生地远离中原，所以儒家的思想对王景影响不深。他从小就对《周易》《山海经》以及天文历法等自然科学感兴趣，并且掌握了很多技艺。从政之余，王景对卜筮、风水、数术之学都很感兴趣，还撰有专书。

西汉末年，黄河和汴河决口，淹没了几十个县。加之战乱与汉廷混乱，不予及时疏浚和整治，造成河口淤塞、荥口堤坝坍塌，黄河、汴渠混流，鸿沟水系大部分河道不畅，造成黄河第二次大改道的局面，这种情况持续了 60 年之久。东汉光武帝即位之后，曾计划加以治理，苦于财力不济，便搁置下来。后来汴渠向东泛滥，被淹没的地方越来越多，过去的水闸都已成为河中心。兖、豫等州的百姓深受其害，抱怨朝廷只知为其他事征发民夫，而不治理害民已久的水患。

王景初入仕途时是司空伏恭手下的小官，因善于治水，被推荐给汉明帝任修筑浚仪渠的主管。他设计了“堰流法”，疏整了浚仪渠，变水害为水利。

东汉永平十二年（公元 69 年），汉明帝商议修治汴渠的事，就召见王景，询问治河事宜。王景认真分

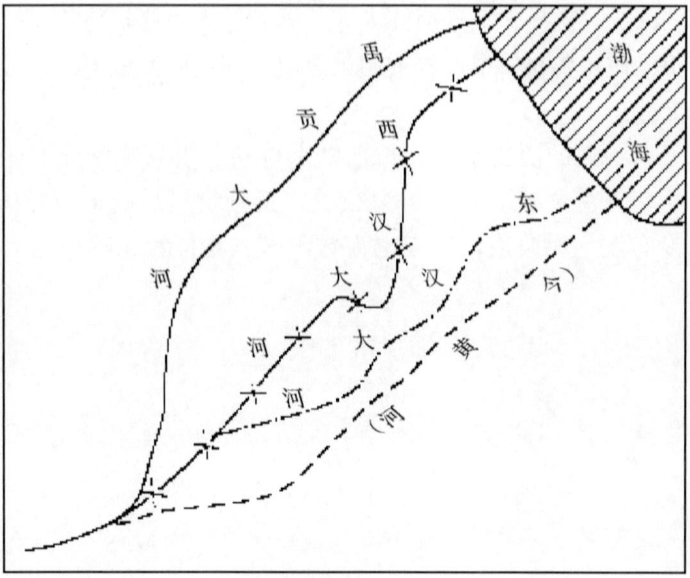

黄河迁徙路线

析了黄河、汴水两水的混杂关系与灾害现状，陈述治水的利害，提出治水方案，应对十分敏捷，得到了汉明帝的赞赏与首肯。又由于他曾经治理过浚仪渠，就赐给他《山海经》《河渠书》《禹贡图》等水利地理书籍以及钱币、布帛衣服，以资鼓励。到了夏天，朝廷征调了十万军队，派王景和王吴修筑渠道和河堤。王景受命后立即着手测量地形，根据实际情况因势利导，使黄河水顺着地势低洼的地方自然流入大海，在荥阳到千乘海口的一千多里河道附近筑堤立堰，使黄河、汴水分流，防止黄河外溢，保证汴河畅通，并设河堤官员加以管理，从此黄河八百年无灾害。第二年夏天，水渠建成了。汉明帝亲自乘船巡视，并给予王景很高的评价。

从此，黄河、汴河分流，复其旧迹，两岸尽是良田，百姓都能安居乐业，史称“王景治河”。

王景由此知名，升侍御史，拜河堤谒者。东汉建初七年（公元82年）迁任徐州刺史，期间曾上书论迁都之非，终使汉室打消了迁都的念头。次年，又迁庐江太守，他领导人民修筑芍陂，教民开垦荒田，使用牛耕，推广养蚕制茧之法，使境内安定丰给，后病死于任上。

王景治河的历史贡献，长期以来得到了很高的评价，有王景治河千年无患之说。从史料记载看，王景筑堤后的黄河经历800多年没有发生大改道，决溢也为数不多，是位置比较理想的一条河道。

著名的古代水利枢纽工程

东汉阳嘉三年（公元 134 年），自汴口以东，缘河积石，为堰通淮渠，咸曰金堤。又增修石门，以遏渠口，水盛则通注，津耗则辍流。东汉建宁四年（公元 171 年），于敖城西北，垒石为门，史称“建宁石门”。同时又在荥口，垒石为门，史称“荥口石门”。《书经集解》曰：荥口，在今郑州荥泽县西五里，敖仓东南。“敖仓者，古之敖山也”。

邙山提灌站

荥阳
——遏制动乱的前沿阵地

（一）平定吕氏叛乱

公元前195年，汉高祖驾崩，吕后欲乘机诛杀功臣，四日密不发丧。当时陈平、灌婴将兵十万驻守荥阳，樊哙、周勃将兵二十万在燕、代，皆观望都城动静。当时在军事上荥阳仍属军事重地，与都城长安遥相呼应，有“两京襟带，三秦咽喉”之称。谋臣申食其奏吕后说“帝崩四日不发丧，欲诛诸将，若此，天下危矣，若陈、灌发自荥阳，樊、周来自燕、代，大臣内应，诸侯外反，天下便会速亡”（见《史记·高祖本纪》）。吕后惮惧，不敢轻举妄动，但其篡逆之心不死，仍将吕氏多人封王封侯，且伺机杀戮刘氏诸王。公元前188年，吕后“临朝称制”，掌握朝政大权八年。公元前180年，吕后去世，吕禄、

灌婴塑像

吕产便想作乱，吕产命灌婴东击齐王，但灌婴大军荥阳驻扎不进，后来，周勃、陈平在京中夺了北军、南军大权，杀死吕产，“吕氏之乱”始平。灌婴率大军也从荥阳撤回京师，众大臣从代郡迎回刘恒至京即位，是为汉文帝，汉王朝江山得以稳固。

（二）济北王叛汉

汉文帝初年（公元前 179 年），北方匈奴趁汉王朝政权不稳之机，破坏和约，多次侵扰边境。汉文帝三年（公元前 177 年），北方匈奴大举入侵汉王朝，烧杀劫掠，26 岁的汉文帝刘恒忍无可忍，便与丞相灌婴一起，御驾亲征，统兵迎击匈奴。汉文帝先后到达今陕西省咸阳市、延安市，最后在太原指挥作战。丞相灌婴在边境反击匈奴，先后两次打退匈奴的进攻，并于夏季将匈奴的右贤王赶出塞外。

这边汉文帝在和匈奴拼命，那边山东的济北王刘兴居却不顾大局，乘机叛乱，要起兵进攻荥阳（今古荥镇），首开诸侯王武装反抗汉廷之先例。

刘兴居画像

刘兴居是刘邦的孙子，齐悼惠王之子。吕雉死后，他与其兄朱虚侯刘章合谋，请其兄齐王举兵入京欲诛诸吕。汉文帝刘恒即位后，认为他对稳定汉室有功，封他食邑两千户，第二年又将齐王的济北郡割让给他，并封为济北王。刘兴居虽然得到封赏，但心里一直不满，怨恨封给自己的土地太少，没有当上期望中的梁王，且济北国的土地是从侄子的地盘上割下来的。特别是大哥刘襄、二哥刘章都郁郁而终之后，刘兴居更是怒火中烧。皇上北上打匈奴去了，刘兴居觉得机会来了，下决心进行反叛。刘兴居计划先起兵进攻荥阳，尔后西进关中，进而夺取长安，控制京都，争夺帝位。

济北王造反的消息很快传到了太原，汉文帝立即部署平叛工作：一是命令丞相灌婴和已经集结准备去北部边疆出击匈奴的部队，马上回师长安，保卫都城。二是任命祁侯缯贺为将军，急速率军驻守军事重镇荥阳，作为长安的屏障，并随时策应陈武的平叛军。三是任命棘蒲侯陈武为大将军，辖各路平叛军队十万大军，攻打叛军。

刘兴居造反

刘兴居的济北国也就几个县的面积，没有外援，就连他的两个侄子齐王刘则和城阳王刘喜都没跟着掺和，内部也没有像样的谋臣武将，哪是久经沙场的陈武和缯贺的对手，面对大军压境，很快就败下阵来。八月，叛军被打垮，刘兴居被俘后自杀。随后，汉文帝赦免了有悔改行动的济北国官吏和民众。

此次匈奴的入侵和刘兴居的造反，给了一个让刘恒展示自己的机会。刘恒让大家看到，他不仅是位谦恭温和的君子，在强敌面前，还是位勇敢冷静、富于策略的君主，从此刘恒的皇位更为牢固了。

（三）窦婴守荥阳监齐赵兵

西汉景帝三年（公元前 154 年），以吴王刘濞为中心的七个刘姓宗室诸侯不满国家削减他们的权力，兴兵引起内乱。汉景帝刘启派大将军窦婴守荥阳，监督前往攻打齐国、赵国的汉军。任周亚夫为太尉，统率三十六位将军带兵前去迎击吴、楚叛军。周亚夫率领计划周密的急行军，顺利到达荥阳与窦婴会师，以此为前进基地，成功挫败“七王之乱”，巩固了汉王朝政权。

（四）荥阳黄巾军杀中牟令

东汉末年，黄巾军起义。汉灵帝中平四年（公元 187 年），在黄巾起义的影响下，荥阳曾爆发一支数千人的起义军，攻破中牟县城，斩杀了中牟令。后被东汉朝廷镇压下去，《后汉书》曾有“黄巾贼起荥阳”“河南何苗讨荥阳贼，破之”的记载。

黄巾军起义

（五）曹操荥阳战徐荣

曹操画像

东汉献帝初平元年（公元190年），山东州郡起兵讨伐董卓，曹操和各路讨伐董卓大军一共十几万人马，在陈留附近的酸枣（今河南延津西南）集合，组成一支联军，推举袁绍为盟主。董卓在洛阳，袁绍等人不敢进攻，曹操就单独带着五千人马，向成皋（今荥阳汜水镇）进军。董卓听到曹操孤军进军成皋，就派部将徐荣到洛阳东面的荥阳（今古荥镇）抵御曹操。徐荣依托荥阳城，在汴水（今郑州市惠济区北部）边布好阵势，曹操的人马一到汴水，就开始进行拦击。徐荣率领的是数万名久经战阵的凉州骑兵，曹操军队只有五千人，且多由新兵和宗族宾客组成，缺乏训练。激战之后，曹操的人马很快就败了下来，伤亡惨重，大将鲍信受伤，卫兹和鲍韬战死。曹操往后撤退的时候，肩上中了一箭，他赶紧快马加鞭奔逃，结果战马又中了一箭，马一受惊，腾空跃起，把曹操掀了下来。后面徐荣的追兵越来越近，正在危急时刻，曹洪赶上。曹洪将自己的战马让给曹操，曹操不要，曹洪说："天下可以没有我曹洪，但却不能没有您！"曹操也就不再推辞，赶紧跳上马逃走了。太祖"遂引兵西，将据成皋。邈遣将卫兹分兵随太祖。到荥阳汴水，遇卓将徐荣，与战不利，士卒死伤甚多。太祖为流矢所中，所乘马被创，从弟洪以马与太祖，得夜遁去。"（见《三国志卷一·武帝操》）。

曹操由于士卒阵亡甚多，再无西进之力，便前往扬州一带募兵去了。同盟军粮草耗尽后，也就散伙了。

曹操塑像

建安四年（公元 199 年）四月，曹操迎击袁绍，带领军队又回到了荥阳，驻扎广武山，九月还师许昌。

第八章

魏晋南北朝时期的荥泽

WEIJIN NANBEICHAO SHIQI DE XINGZE

魏晋南北朝是中国历史上政权更迭最频繁的时期，主要分为魏（曹魏）、两晋（西晋、东晋）和南北朝时期。

魏始设荥阳郡

荥阳郡最早设立于三国时期的魏国，“魏正始三年(公元242年),岁在甲子,被癸丑诏书,割河南郡县,自巩、阙以东，创建荥阳郡，并户二万五千”，郡治在荥阳，但这个荥阳郡不久即被废置。

两晋时期的荥阳郡

（一）复置荥阳郡

西晋泰始二年（公元266年），分河南郡设荥阳郡，下设荥阳、京、密、卷、阳武、苑陵、中牟、开封等8县，郡治在荥阳，至西晋末年，荥阳一直都是重兵把守的军事要地。

（二）“八王之乱”中的荥阳战事

西晋时期，发生了历时16年以争夺中央政权为目

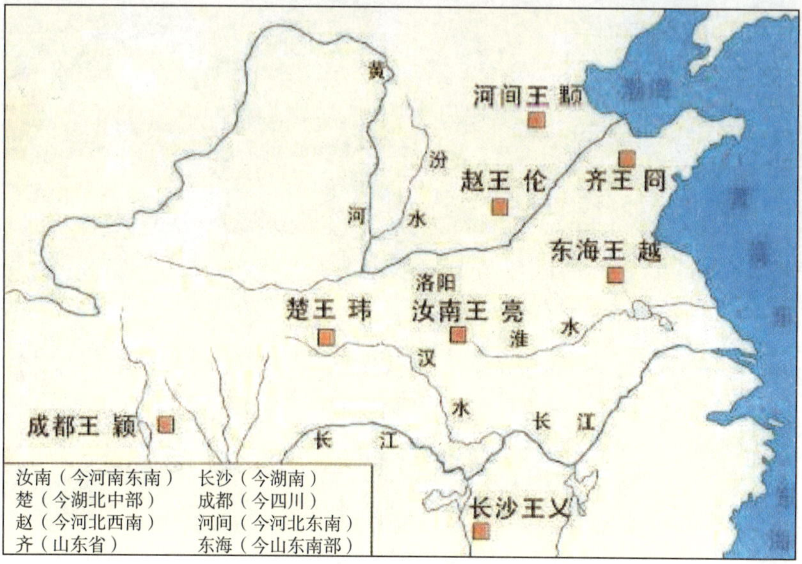

“八王”分布图

的的皇族内乱——“八王之乱”。永兴元年（公元 304 年）七月，东海王司马越携晋惠帝进攻成都王司马颖，兵败东逃。永兴二年（公元 305 年）七月，司马越又从山东起兵，号召共讨参与劫持晋惠帝的张方，奉帝还都。司马越奉制书让豫州刺史刘乔任冀州刺史，让范阳王司马虓兼任豫州刺史，从许昌到荥阳驻扎。刘乔发兵阻止司马虓，乘虚袭击许昌，范阳王司马虓败走黄河以北。河间王司马颙任命石超为北中郎将，与司马颖共同对抗司马越。石超于是在荥阳募兵，与右将军王阐和典兵中郎赵则一起，声援豫州刺史刘乔。十二月，司马虓卷土重来，在黄河上袭击王阐，然后从官渡渡过黄河，攻克荥阳城，斩杀了石超。随后，司马虓在萧县打败了刘乔。后来，河间王司马颙的先遣部队将领吕朗等据守荥阳。司马颙迫于军事压力，下令斩了张方，送其首级给司马虓。司马虓就叫人拿给

“八王之乱”

吕朗看，吕朗很快就投降了，司马虓占据了荥阳城。司马越、司马虓迎晋惠帝回洛阳，成都王司马颖、河间王司马颙相继为其所杀。随后，晋惠帝被毒死，豫章王司马炽继位，为晋怀帝，由东海王司马越专政，“八王之乱”至此结束。

“八王之乱”期间，北方各外族趁西晋内部空虚乘机起兵入侵中原地区。公元 313 年，晋怀帝被外族掳走。他的侄子司马邺到荥阳、密县避难，后在舅父荀藩护送下到长安继帝位，称晋愍（mǐn）帝。公元 316 年，晋愍帝被迫投降外族，最后受辱被杀，至此西晋灭亡。之后，晋室遗族在南方成立东晋，而北方的中原地区则由外族割据，进入了五胡十六国时期。东晋与十六国南北分裂的局面发展至南北朝时期，直到公元 589 年，隋灭陈之后，中国南北才由隋王朝再度统一。

（三）后赵会师荥阳备战

后赵太和元年（公元 328 年）七月至十二月，后赵主石勒派兵攻前赵，派石虎率军 4 万，连续占领前赵 50 余县。前赵主刘曜率

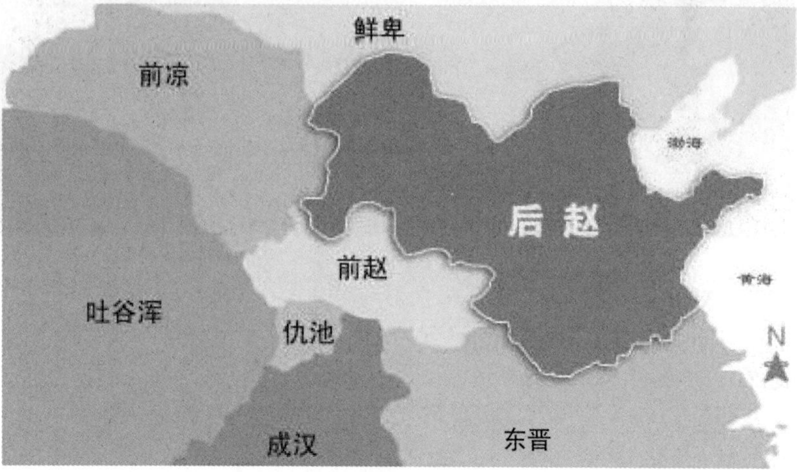

后赵地理位置

领精锐的水陆诸军由冲关（今潼关）北渡黄河阻拦。石虎闻讯慌忙撤退，刘曜随后追击，八月在高候原（今山西闻喜）将石虎打败，斩杀了大将石瞻，随后一路南进。后赵荥阳太守尹矩、野王太守张进等，看到前赵势大，均向刘曜投降。十一月，石勒欲亲自率军救洛阳，僚佐程遐等谏阻。但石勒审时度势，认为必须应战。于是命石堪、石聪及豫州刺史桃豹等各率所部会师荥阳，石虎率部进据石门（今荥阳北），石勒自率步骑4万直冲金墉刘曜大营，大败前赵军队，刘曜坠马被擒。翌年，刘曜在襄国被杀，太子刘熙被俘，前赵为后赵所灭。这次战役，石勒在后赵军失利的情况下，审时度势，力排众议，亲自率军南下，针对刘曜集兵于一处、屯兵于坚城之下、士卒疲惫的态势，采取集中兵力、击其不意、攻其要害的作战方针，终于取胜。

后赵会师荥阳大败前赵

（四）东晋十六国时期

自西晋永嘉五年（公元311年），刘曜二次攻破洛阳建立前赵，先后有后赵、前燕、前秦、后燕、后秦和刘宋等占据洛阳、荥阳一带。历史上的十六国时期，郡治依旧。

（五）桓温梦断石门

桓温画像

石门位于荥阳故城北，也叫荥口，是汴河通黄河的接口处。东汉建宁四年（公元171年），于敖城西北垒石为门，来控制浚仪渠口，水门宽40余米，向西深入黄河滩区三里。魏晋南北朝时期，在石门附近发生了很多战事。

桓温（公元321～公元373年）是东晋政治家、军事家，安徽怀远人，宣城太守桓彝之子。桓彝被韩晃、江播所害，桓温在十八岁时刺杀了江播的三个儿子，从此出了名。他身材魁梧，是晋明帝的驸马，任驸马都尉、琅琊太守、徐州刺史等职。桓温因溯江而上灭亡成汉政权而声名大振，又三次出兵北伐（北伐前秦、羌族姚襄、前燕），战功累累。

桓温作战勇猛，屡战屡胜，于东晋永和元年（公元345年）任荆州刺史，逐步掌握了兵权。第二年，乘成汉李势微弱，率兵西伐，战于彭模（今四川彭山），逼李势投降，灭了成汉，桓温被晋升为征西大将军，封为临贺郡公。东晋永和十二年（公元356年），因洛阳被前秦所占，桓温决定进军许昌、洛阳。后来与姚襄隔水对阵，桓温亲自上阵奋击，把姚襄打得大败，收复了洛阳。当时东晋王室偏安于建康（今南京），桓温多次请求东晋王室还都洛阳，都因为门阀大族的反对而作罢。

东晋太和四年（公元369年），桓温伐燕，一路顺利，掳获了西燕君主慕容忠。军队到山东济宁的金乡时，水道不通，就命令凿开巨野泽三百余里以通舟运，自清水入黄河，直至枋头（今

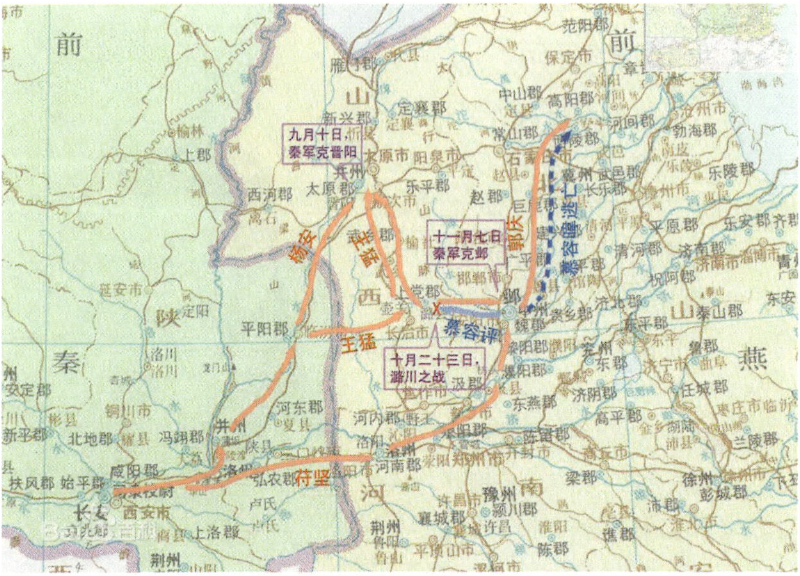

前秦灭前燕

河南浚县）。桓温派豫州刺史袁真攻击谯郡（今河南商丘）、梁国（今河南开封），在荥阳开石门以通水运。袁真攻下了谯、梁，就是打不开石门，水运路塞，战船过不去，粮草也快用完了。这时燕国慕容德率骑兵赶到石门，断了桓温的粮道。桓温不得已，就命令士兵上岸，把战船都烧掉，连夜快速步行撤退，但仍被燕将慕容垂追上，大败于襄邑（今河南睢县），温军战死三万多人，淮北之地尽失。

桓温本来有意借北伐树立的威望来夺取帝位，终因这次北伐失败而令声望受损，受制于朝中王谢势力而未能如愿。桓温返回淮南后，征发州人筑广陵城，作为自己坐镇之地。东晋太和六年（公元371年）废简文帝，以大司马名义坐镇姑孰（今安徽省当涂县），独揽朝政十余年，操纵废立。桓温曾在晚年逼迫朝廷加其九锡，但谢安等人借故拖延，直至去世也未能实现愿望。桓温死后谥号宣武，其子桓玄建立桓楚国后，追尊为“宣武皇帝”。

荥口石门在五胡十六国时期，始终是各国争夺的焦点之一。东晋太和五年（公元 370 年），前秦王猛攻燕国洛阳，燕国慕容臧在石门处大败前秦军队。东晋太元九年（公元三十八 4 年），慕容垂想重建燕国，就在荥阳称王，封拜官爵后，率军二十余万，从石门出发，一直打到邺城（今河南安阳）。公元 390 年，朱党戍石门；公元 410 年，刘裕水军经过石门。

荥口石门是五胡十六国时期的交通咽喉，是各国争夺的焦点之一

郡治迁移

公元420年起，中国进入南北朝时期，荥阳归北魏。公元423年，设荥阳郡。北魏孝文帝（元宏）登基，励精图治，锐意改革，从谏如流。为振兴北魏，消灭南朝，统一全国，将国都从平城迁到洛阳。北魏太和十七年（公元493年），为加强洛阳防务，将荥阳郡治迁至大索城（今荥阳），郦道元著《水经注》称古荥阳为“荥阳故城”。

荥阳故城城墙

荥州改郑州，徙于管城

北周武帝建德六年（公元577年），改荥阳郡为荥州，隋大业三年（公元607年）改为郑州，后治所迁在管城县（今河南省郑州市），辖境相当于今河南省郑州、开封、新郑、荥阳等地，唐武德初年，改为管州。天宝初年改郑州复置，乾元初年又改为郑州。

第九章

隋唐时期的荥泽

SUITANG SHIQI DE XINGZE

隋唐时期为隋王朝和唐王朝两个朝代的合称，也是中国历史上最强盛的时期，是经历了五胡乱华和南北朝两个漫长时期后的两个大一统皇朝。在民族思想上比较开放，两朝在政治、军事、文化、经济、科技上达到了前所未有的发展。

隋唐大运河的开凿

隋唐大运河的开凿始于隋文帝时代。隋文帝为摆脱北周王室连年征战而导致的经济衰退的局面，把发展渠漕输运、商贸物流摆在了朝廷政务的重要位置。隋开皇四年（公元584年），割荥阳郡东北部与卷县（今原阳县西南部和武陟县东南部）合并，新置广武县，建县治于黄河之阴、汴水之阳，以加强对漕运的管理。隋开皇七年（公元587年），由于汴渠受黄河侵道

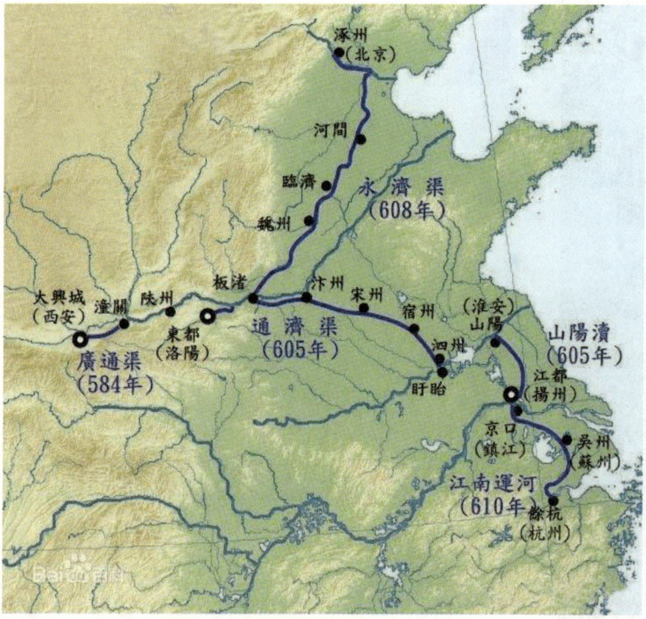

隋唐大运河水系

影响而导致运输能力下降，隋文帝命梁睿于汴口增筑汉古堰（即梁公堰），遏河入汴。隋仁寿元年（公元 601 年），更广武县名为荥泽县，以彰显北地的水运功能。

（一）隋炀帝首开通济渠

隋大业元年（公元 605 年）三月，隋炀帝“发河南诸郡男女百余万，开通济渠，自西苑引谷、洛水达于河，自板渚引河通于淮”。意即自洛阳西苑引谷、洛二水入黄河，又自板渚（今河南荥阳东北）引黄河水入汴水，疏通鸿沟故道，使水入淮，到达山阳（今江苏淮安）。通济渠全长 1300 余里，沟通了江、淮、河、汴四大水系，成为运河的主体部分。此渠宽四十步，烟波浩渺，沿渠筑御道，植柳树，“柳色如烟絮如雪”，形成了“万艘龙舸绿丝间，载到扬州尽不还”的美景。

大运河通济渠郑州段世界遗产标识牌

（二）隋炀帝巡游江都

通济渠东端渠首就是中国大运河通济渠郑州段，据考证，隋炀帝第一次巡游江都就是从这里出发的。史料记载：开凿通济渠当年的八月十五日，隋炀帝第一次带领百官巡游江都，乘辇车来到荥(汴)口，“舳舻相接二百余里，照耀川陆，骑兵翊两岸而行，旌旗蔽野”（见《资治通鉴》）。乘船者约在 10 万人以上，两岸挽夫牵引前进，共有挽船士 8 万余人。

（三）隋唐大运河的贯通

巡游江都的同时，隋炀帝“发淮南民十余万开邗沟，自山阳至

隋唐大运河一角

扬子入江”，邗沟的开凿，连接了淮河与长江。隋大业四年（公元608年），隋炀帝“发河北诸郡男女百余万开永济渠”。永济渠以沁水与黄河的交汇口（今河南武陟县西北，与郑州隔河相对）为起点，北至涿郡。隋大业六年（公元610年），隋炀帝疏通江南河，“自京口至余杭，八百余里，广十余丈，使可通龙舟”，江南河沟通长江至余杭（今浙江杭州）。至此，举全国之力，费时六年，一条长达2700余公里的隋大运河全线贯通，从而成为我国水陆交通命脉，为唐代航运、丝绸之路发展，经济文化繁荣奠定了物质基础。同万里长城一样，它被誉为当今世界最宏伟的四大古代工程之一，堪称中国古代帝王与劳动人民的伟大壮举和中华民族文化瑰宝。

隋代大运河，因“隋代开凿，唐代繁荣”，故又称为“隋唐大运河”。

唐代在隋代大运河的基础上，继续进行水利建设，各段运河名

郑州荥泽枢纽地理位置

称屡屡变化，其中，通济渠被称为“广济渠”“汴河”“汴水”“汴渠”等。

（四）唐代漕运商贾的发展繁荣

唐代建都长安，由于要“转漕东南之粟”，对漕运的重视，不亚于隋代。特别是唐高宗以后，中央机构迅速扩大，百官俸禄增多，关中地区的生产远远满足不了需求。为了从关东和江淮地区搜刮更多的财富，黄河、汴渠成了唐王朝赖以生存的大动脉，经郑州荥泽枢纽转输，日日夜夜为京都输送着大批粮食和日用百货。

1. 节级转运制度

隋唐大运河最初在运河入黄河处设中转仓，各地漕粮都要运往洛阳含嘉仓。如此一来，漕运产生诸多不便：运河与自然河道相连，不同河道水量变化不一，水浅水深都要等待，“停滞日多，得行日

河口风景

少”“备极艰辛”。而“江南百姓不习（黄）河水，皆转顾（雇）河师水手更为损费”。到唐玄宗开元年间，由于大运河有所淤积，加上管理不善，严重影响了漕运。主张改革的漕运大臣裴耀卿出任转运都使，实行“分段运输法”，在汴河口置河阴仓，自江、淮运来的漕粮，全部存入该仓，运粮船便可返回。而等黄河水势合适的时候，选“晓习河水”者，装船西运至三门峡，入集律仓，陆运至三门仓，避过三门天险然后由黄河入渭水至长安。这次漕运改革效果显著，三年时间，首都长安即“积粮米至 700 万石”，达到唐代漕运的高峰，并且“省运费 30 万缗”。

2. 分汜水、荥泽，置河阴县

漕运改革后，新建的河阴仓越来越重要。按照规定，每年 40 万石漕粮留存于河阴仓，日积月累，该仓逐渐取代洛口仓和含嘉仓，成为“天下第一仓”。为加强河阴仓管理，裴耀卿下令分汜水、武陟、荥泽三县（地），置河阴县，在河阴仓附近修筑河阴县城。居于水运枢纽的河阴县和河阴仓，在大运河体系中长期发挥着重大影响和作用。河阴县曾长期存在，因黄河河道变迁，原县城没入水中，明代时，其县治搬迁到广武山之南，清乾隆三十年（公元 1765 年）并入荥泽县。

（五）欧亚“丝绸之路”桥梁纽带

郑州荥泽枢纽作为天下交通中枢纽带，其一端与洛阳西出横贯亚洲内陆的“丝绸之路”相衔接；另一端则通过汴河与明州（今浙江宁波）港，通往海外诸国。将海上交通和陆上“丝绸之路”连接起来，使中国的丝绸、瓷器、漆器、铁器传到西方，惠及世界，将海外的胡椒、亚麻、香料、葡萄、石榴等，带入我国共享。从此，始自汉代横贯亚欧的“丝绸之路”经济带有了更为广阔的拓展。

（六）唐末漕运中断恢复与中心下移

唐天宝十四年（公元 755 年），“安史之乱”爆发。此后，漕运遭受严重破坏，虽有时进行恢复，只因战乱相连，漕运又几度为战争所中断，至唐末，江淮漕运最终中断。五代时期，江南建立了独立政权，河、汴漕运基本上全部停止，一直到后周，黄河下游才又出现了比较安定的局面，周世宗柴荣奖励农业生产，限制佛教，漕运事业也开始有了转机。周世宗还疏浚了汴渠和永济渠，逐步形成以东京开封府为中心的水上运输网，船只四通八达，对后周平定江北地区起到了重要作用，也为以后北宋王朝统一南北奠定了基础。

隋唐时期的战争

（一）韩世萼围荥阳

隋大业九年（公元613年）六月，隋炀帝杨广第二次征高丽，命开国功臣杨素之子楚国公、礼部尚书杨玄感在黎阳（今河南浚县）督运粮草。

杨玄感见朝纲渐渐紊乱，隋炀帝杨广又一天比一天爱猜忌，他心中不安，于是与诸弟谋划，准备废掉隋炀帝，立秦王杨浩为帝。杨玄感见隋炀帝率隋军主力远在辽东前线，后方兵力空虚，有机可

杨玄感画像

乘，于是便与虎贲郎将王仲伯、汲郡赞治赵怀义等人策划起兵反隋。

他们故意迟滞漕运，不按时发运军资，并派人暗中召回随隋炀帝到辽东的其弟杨玄纵、杨石和在长安的好友李密。杨玄感收编隋军降卒，招募百姓，很快就得五万余人，很多达官贵族子弟也纷纷投奔他。于是就分兵五千占据慈硐道（今河南洛阳西），五千人把守伊阙道（今河南洛阳南），派开国元勋韩擒虎之子韩世萼率三千人包围荥阳（今古荥镇），派顾觉率五千人攻取虎牢（今荥阳西北汜水镇西），虎牢隋军投降，杨玄感任命顾觉为郑州刺史，镇守虎牢。杨玄感亲率主力攻打洛阳城。但朝廷留守东都的越王

杨玄感出征

杨侗和民部尚书樊子盖接到杨玄感起兵的消息后，就加强了对洛阳东都的防御，杨玄感一时无法攻破城池。

不久，远在辽东的隋炀帝率隋军主力回师，命虎贲郎将陈棱进攻据守黎阳的元务本，左翊卫大将军宇文述、右侯卫将军屈突通驰援东都洛阳。在东莱的来护儿也停止进攻高丽，还师西进，对包围洛阳的杨玄感形成反包围态势。杨玄感处于四面受敌的不利局面。七月二十日，杨玄感接受李子雄、李密的建议，解除了对东都的包围，率军西进，准备夺取关中。到达阌乡（今河南灵宝）时被宇文述、卫文升、来护儿、屈突通等各路隋军追上，杨玄感且战且退，一日内三败。八月初一，杨玄感在董杜原（今河南灵宝市西北）列阵与隋军决战，杨玄感大败。

杨玄感起兵虽以失败告终，却标志着隋王朝统治阶级的大分裂，动摇了隋末的统治，推助了隋末农民战争的火焰，为隋的灭亡埋下了种子。

（二）大海寺之战

隋大业十二年（公元 616 年），韦城（今河南滑县）人翟让在瓦岗寨（今滑县南）组织农民起义，同郡单雄信、徐世勣等纷纷加入。徐世勣建议攻打郑、宋（今郑州、商丘一带），因为“荥阳、梁郡，汴水所经，票剽行舟、商旅，足以自资”，翟让深以为然，于是起义队伍“掠公私船，资用丰给”，将斗争矛头直接指向隋朝廷、门阀士族和富商巨贾。翟让制定了不得侵掠百姓各项规定，得到当地农民的热烈响应，“附者益众，聚徒至万余人”，参加者“多是渔猎之手”“善用条枪”（见《隋纪七·炀皇帝下大业十二年》）。此外，翟让还联合外黄王当仁、济阳王伯当、韦城周文举等附近小股的起义军，在王伯当的引荐下曾参加杨玄感起兵反隋起义的李密加入瓦岗军，李密有胆略，多智谋，在他的策划下，瓦岗军很快发展壮大起来，成为中原地区起义军队的主力。

十月，在李密的建议下，瓦岗军首先攻破金堤关（今荥阳境内）和荥阳（今古荥镇），并于荥阳附近多次击败隋军，声威大震，控制了河南大部分郡县。隋炀帝派张须陀前往荥阳率军镇压。此前，翟让几次被张须陀打败，“闻其来，大惧，将避之”（见《旧唐书》）。李密则力主迎战，他认为张须陀有勇无谋且骄傲凶狠，一战即可将之擒拿。翟让不得已，只好带兵正面迎战张须陀，李密分兵千余埋伏在大海寺（今荥阳东北）北树林内。张须陀素来轻视翟让，因此列方队与之交战。翟让略作抵抗，便引兵往李密事前设好的伏击圈方向退去。张须陀不知是计，领兵追赶，向北追了五公里多，才发现自己的军队已经被李密、翟让、徐世勣、王伯当军团团围住。无奈之下，张须陀奋力拼杀，凭借猛力冲出包围圈，此时，他回头看到自己的部下仍处在起义军的围困之中，于是跃马又杀入敌阵，以图救援，往返四次突围，最后战死。所率士兵为其发丧，

大海寺之战

昼夜号哭，数夜不止，河南郡县政府兵从此斗志尽失。张须陀的副将鹰扬郎将河东贾务本也被击伤，收容残兵五千余人退奔梁郡（今河南商丘南），不久死去。隋朝廷下诏以光禄大夫裴仁基为河南道讨补大使，带领张须陀剩余军队进驻虎牢关据守。经过此役，瓦岗起义军声威大振。

在李密的正确指挥下，瓦岗军采取诱敌深入、伏兵袭击的战术，把张须陀的军队消灭殆尽，取得了荥阳大捷，不但扭转了瓦岗军“向数为须陀所败”的被动局面，增强了起义军内部的战斗士气，还使得“河南郡县为之丧气”，为以后的继续战斗做好了铺垫，是瓦岗军壮大过程中里程碑式的重大战役。

大海寺之战创造了以弱击强、大获全胜的范例。

（三）秦王李世民战窦建德

隋炀帝统治后期，天下大乱，各地农民起义军风起云涌、前仆后继、声势浩大。窦建德领导的农民起义军活跃于河北一带，与河南李密领导的瓦岗军、活动于江淮地区的杜伏威起义军合称隋末三大农民起义军。

瓦岗起义军被镇压后，占据洛阳的隋旧将王世充势力也逐渐壮大。唐武德二年（公元 619 年）四月，王世充杀害隋皇泰主，自称郑帝，并利用唐军河东作战无暇东顾之机，占据河南许多地区，成为中原地区的重要割据势力。

唐武德四年（公元 621 年）春，窦建德率军援助王世充，三月，到达枣庄（今河南延津）。紧接着，他的部队攻陷管州（今河南郑州），杀死了刺史郭士安；随后又夺取了荥阳、阳翟（今河南禹州）等县，“水陆并进，泛舟运粮溯河西上”。王世充之弟徐州行台王世辩派遣手下郭士衡率领数千兵丁与之会合，兵力“合十余万，号三十万”，驻军于虎牢以东的东原（即东广武，今古荥镇北广武山）一带，“遣使与王世充相闻”，形成东西呼应之势。

窦建德派人送信给秦王李世民，让他退兵潼关，返还在郑州占

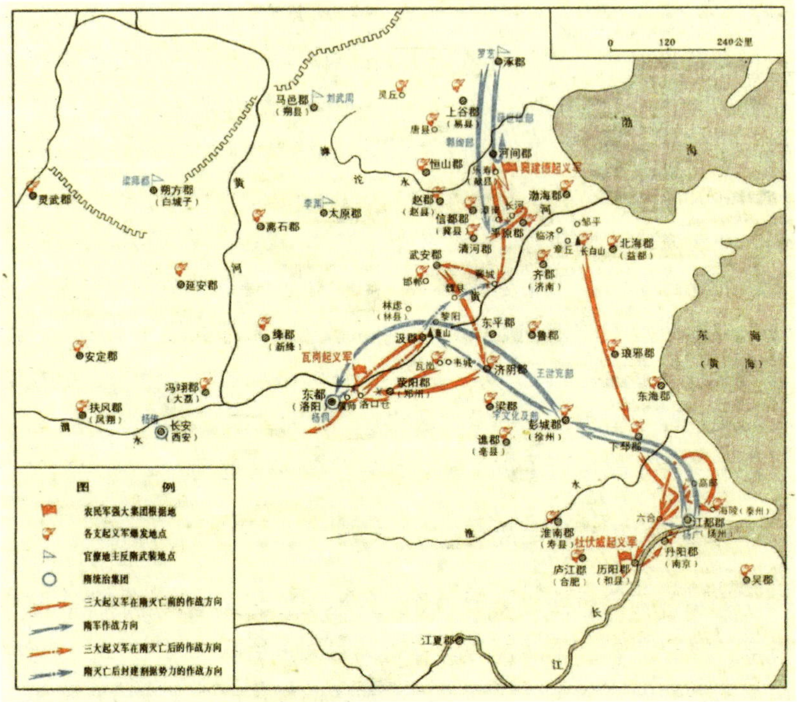

隋末农民起义战争

据的土地，以此恢复双方的友好关系。此时，面对洛阳城坚未下而窦军又骤至的局面，唐军内部出现了意见分歧：李渊、刘弘基等主张撤兵回师；李世民则力排众议，坚定认为：王世充“兵摧食尽，上下离心，不烦力攻，可以坐克”，窦建德“新破海公，将骄卒惰，吾据武牢，扼其咽喉”。如果窦建德胆敢冒险来攻打，则败之甚易；如果他狐疑不战，则“旬月之间，世充自溃”，则唐军必然气势倍增，再接再厉，窦建德、王世充可以“一举两克”。他还建议，必须马上发兵增援虎牢，“若不速进，贼入虎牢，诸城新附，必不能守”。如果窦建德军再与王世充合力攻唐，后果将不堪设想。于是在李世民的坚持下，李渊令齐王李元吉、屈突通等继续围攻洛阳；李世民率领三千五百名精兵进据虎牢关。李世民的军队白天出发，

唐太宗李世民画像

经过北邙，到达河阳，然后继续向巩义方向行进。王世充登上城楼观望，因为不知道唐军的意图，只得按兵不动。

虎牢为洛阳东面的战略要地。早在二月底，唐军王君廓部就在内应的协助下，先行袭占该地。李世民抵达虎牢的次日，即率精骑五百，东出虎牢十余公里侦查窦建德军营情况。他派李世勣、程知节、秦叔宝等分领部分士兵，埋伏路边，自己只与尉迟敬德等四名部下向窦营方向继续行进，在距离窦营不到三里的地方，他们才被窦建德的士兵发现。李世民主动暴露了自己唐王的身份，然后引弓射死一名士卒。窦军以为大军来袭，大惊失色，急派五六千骑兵迎击。敌众我寡，形势危急，李世民命令其部下先走一步，自己与尉迟敬德拉着马绳步行，引诱敌军骑兵追击。快到伏击圈时，李世民引弓又射死一人，其他的追兵害怕，停了一会儿，又向前追赶。就这样，李世民前后射杀数人，尉迟敬德射杀十几人，追赶的人就再也不敢逼近了。李世民又慢慢地前行了一段路程，待窦军骑兵进入埋伏地点后，李世勣等人及时发起攻击，击败窦军追兵，歼灭了三百余人，擒获窦骁将殷秋、石瓒。此战唐军不仅了解了窦军虚实，而且挫抑了窦军锋芒，为后来的战争赢取了主动。此后，窦军一直不敢迫近虎牢，对峙了几个月，与唐军数次小战均失利，窦军士气陷入低谷。

四月，李世民派王君廓带领骑兵一千多人突袭窦军粮道，大获全胜，擒获大将军张青特，窦军越来越陷于被动。

五月初一，李世民率军北渡济水，南临广武，在观察了窦军情况后，故意留马千余匹放牧于黄河北岸，晚上才把它们赶回城中，以此引诱窦建德出兵。次日，窦军果然中计，出动全军列阵于汜水东岸，北依大河，南连鹊山，绵延十余公里，鼓噪而进，摆出一副进攻的架势。李世民带数人登上高地观察敌军阵营，看到窦军军纪不严，使有轻敌之心，认为只要按兵不动、疲惫敌军，等到中午，一定可以稳操胜券。此时，窦建德已经派遣三百骑兵渡过汜水，在距离唐营五百米的地方向唐军挑战。李世民一面令大军少安毋躁，以逸待劳，一面派王君廓率长矛兵二百人迎战。两军往来交锋数次，未分胜负，双方成胶着状态。

这时王世充派往窦营的使者王琬骑着隋炀帝的青骢马，穿着光鲜的战服，在阵前炫耀。李世民看到后，连连称赞青骢马是一匹良驹，尉迟敬德即请命夺取，李世民制止："怎么能够因为一匹马而损失一员猛将呢？" 尉迟敬德不从，与其他两员虎将直入敌阵，如入无人之境般将王琬擒获，并带回马匹，窦军无人能挡。

自辰至午，窦军严阵以待已有半日，士卒饥饿疲乏，释甲稍事休息，又有士卒争抢水喝，秩序出现混乱。李世民见敌军表现出返兵回营的迹象，便派宇文士及率三百骑兵经过窦军阵营西侧，驰马南上以试探敌军，并吩咐，如窦军严整，则迅速回师；如敌阵动摇，则可乘势而攻。宇文士及至窦军阵前，见窦军阵营松动不整，即引兵东进。李世民见状，当机立断，下令出击，自己身先士卒率领一部精骑冲锋，大军随后东渡汜水，直攻敌阵。当时窦建德正召集群臣议事，听到唐军突然杀到，群臣惊慌失措，纷纷往窦建德处躲避，以致堵塞了道路，受命抵抗唐军的战骑不能前行，窦建德只好命令朝臣退后，让骑兵先过。但是，为时已晚，进退之间唐兵已经冲入。窘迫中，窦建德退往东陂，负隅顽抗。李世民所率劲兵所向披靡。淮阳王李道玄策马破敌，勇冠三军，所到之处，强弩劲发，敌人无不应声而倒，李世民给他一匹备用战马，让他跟随自己。此时，两军对垒，已是杀得昏天暗地、尘埃涨天。窦建德部列阵未整已被唐军冲乱，李世民率史大奈、程知节、秦叔宝、宇文歆等猛将迂回突入窦军阵营后，迅速张开唐王朝旗帜，窦军将士为唐军气势所震慑，以为败局已定，大溃；唐军紧追不舍，出击十五公里，斩首三千余人，窦建德被俘。

虎牢之战是唐统一全国战争中最关键的一次战役。虎牢之战后，窦建德军基本被歼灭，王世充所占据的偃师、巩义、洛阳等地守将皆降，李世民随即回师洛阳，王世充在突围无望的绝境中，率太子、群臣及两千余人投降。至此，唐王朝夺取了中原的主要地区，统一全国的事业基本完成。

第十章

宋金时期的荥泽漕运

SONGJIN SHIQI DE XINGZE CAOYUN

政治和漕运中心东移，郑州荥泽枢纽漕运转输的战略地位也随之受到影响，但依然很重要。宋都大梁有四河以通漕运，即汴河、黄河、惠民河和广济河，汴河漕运量最大。

宋代建都东京汴梁

宋代建都东京汴梁，政治和漕运中心东移。

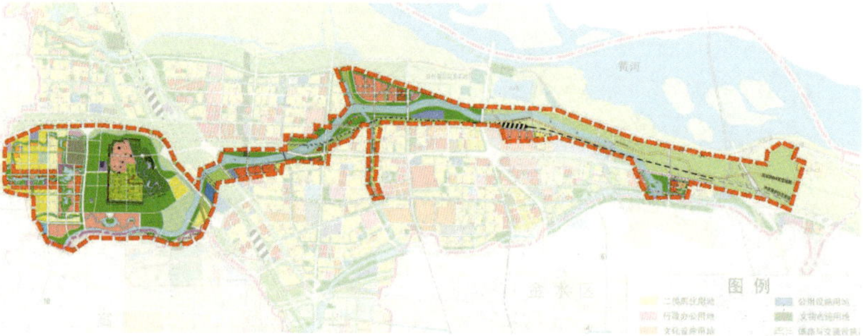

古荥大运河文化区范围

宋都大梁，有四河以通漕运，曰汴河、曰黄河、曰惠民河、曰广济河，汴河所运尤多。建隆以来，始浚三河，每岁由诸州收租税，上供物帛，由官给舟车输送京师，唱征民役，无妨农事。此时，通过黄河与郑州荥泽枢纽漕运转输的战略地位，随之受到影响，但依然重要。宋太宗太平兴平六年（公元 981 年），关于四河之漕运，设有定制：汴河，岁运江淮米三百万石，菽一百万石；黄河，粟五十万石，菽三十万石；惠民河，粟四十万石，菽二十万石；广济河，粟十二万石。以上合为五百五十二万石，苟非短旱，未尝短缺。其数在至道元年（公元 995 年），汴河之运米五百八十万石，大中祥符元年（公元 1008 年）达七百万石。

北宋时期的汴河漕运

北宋建都于东京（今开封），其漕运主要依靠汴河。天禧三年（公元1019年）汴河漕运粮食竟达八百万石，为北宋时期漕运的最高记录。

北宋时期的汴河不仅是把经济中心的南方与政治、军事中心的开封连接起来的无可替代的重要纽带，而且是国家安全的纽带，正如《宋史·河渠志》所说："汴水横贯中国，首承大河，漕引江湖，利尽南海，半天下之财赋，并山泽之百货，悉由此路而进。"可见，汴河漕运就是宋王朝的建国之本和立国之基。所以，对于汴河的管理，宋代政府十分重视，设置了专门的汴河河道管理和维护机构。

北宋时开金水河

宋建隆二年（公元961年）春，引京水、索水、沙水通汴京城壕，入斗门，架流于汴水之上，东进入五丈河的渠道，时称金水河。渠自荥阳（今为郑州市二七区）引京水，西北半环绕郑州，东过中牟，共百余里，抵达都城开封西。此以源流深远，永安与青龙河相合，故又赐名“天源河”。

金水河位于东京城西部，其主要作用是提供皇宫用水，兼具浇灌宫苑植被和提供宫、民饮用水的作用。

金水河由西向东横贯东京城，主要流经外城西北部、内城北部和宫城。从西北水口入外城之后，经白虎桥、大三桥子、横桥、寺北水口入内城，经五王宫桥入宫城西北角，经晨晖门出宫城，过梁院桥出内城，流入广济河。宋乾德三年（公元965年），引金水河贯皇城，经过皇宫后苑的池塘。宋开宝九年（公元976年），引往晋王府弟，同年七月，太祖亲临晋王府，观金水河入池。宋太平兴国三年（公元978年）二月，引金水河入东京西郊新池，“遂各池曰金明”。

北宋“导洛清汴”

沟通北宋政治中心和经济中心的汴渠，是北宋朝廷的运输大动脉和生命线。为了确保汴渠的正常航行，宋神宗于元丰二年（公元1079年）四月，动工“导洛清汴”，使汴渠通漕运，即在原洛口以南，开引水渠。引索水自旃然水与须水河合入汴河，兼陂塘为水溃，来补充汴河水源的不足。这时黄河河道北移，广武山北有较宽滩地，可以开渠。又开挖自任村沙峪口，至河阴县瓦亭子，在汜水北开渠，通黄河接运河，渠长

大运河通济渠索须河段

五十一里，下接汴河旧道，并堵塞旧汴河口。由于清水汴河引水量不足，要用黄河水补充。于北宋末年，汴渠湮废。

“导洛通汴”工程的开通使汴渠避开了黄河不利因素的干扰，尽管受到洛河水暴涨暴落的影响有些不尽如人意，但仍带来了前所未有的良好效益，开创了中国运河史上以水治沙的先河，发明并应用了复闸和水柜济运等工程技术，这些都为明清黄河的治理，尤其是京杭大运河的畅通奠定了坚实的基础。

汴河的颓败与复开

金之末叶，元势日强。金人卒于宣宗贞祐三年（公元1215年），弃燕京，迁都汴京，仅保河南、陕西而已。金人既失北方平原，不得不依赖陕西之物质，以充国用。唐末以来，黄河中流之汴河漕运，日渐颓败，于是复开。

第十一章

元明清时期的荥泽水系

YUANMINGQING SHIQI DE XINGZE SHUIXI

元人定都北京，帝都及朝廷与南方农业地带的经济联系，都与金人一样。宋金时代，全力保持内河漕运，任何牺牲都在所不惜。元丞相伯颜，更加重视海运，“统治者所需要的一切财物，漕运至京城，仍然无不仰给于江南”。但也未放弃内河漕运，一是改修并开凿会通河及通惠河，将隋唐大运河裁弯取直，创建京杭大运河。二是吏部尚书贾鲁“治河浚汴”，疏挖一条新的黄淮运河，时称贾鲁河，延续至今。

续建京杭大运河

继隋唐大运河传承发展600余年，至元代中叶的公元1293年，随着会通河及通惠河的开通，隋唐大运河中段的临清至淮安的盱眙，才裁弯取直，不再走河南的郑州、洛阳和开封，由北京直达杭州，全长1782千米，即是当今众所周知的京杭大运河。

京杭大运河

贾鲁“治河浚汴”通淮

贾鲁(公元1297～1353年),字有恒,河东高平(今山西晋城)人，早年曾任儒学教授、户部主事等官职。元顺帝时，曾参加编修《宋史》，后官至监察御史、工部郎中等。

贾鲁画像

元至顺元年（公元1333年），元顺帝即位。那时，黄河决口频繁，水灾不绝。到元至正四年（公元1344年），又北决金堤，致使虞城以下、萧县以上，数千里故道北移，同时汴河淤塞。元至正九年（公元1349年）冬，元顺帝召集众臣商讨治河方略。曾于公元1348年以监水督之职视察过黄河、往返数千里巡行河道、考察地形的贾鲁，以其丰富的知识和经验，提出了自己的治河策略：“疏塞并举，挽河东行，以复故道，其功数倍。”（见《治河图略》）“疏”就是清除淤塞，挖深河槽，使水流通。“塞”就是填入，即修筑堤防之意。元顺帝采纳了贾鲁的策略，任命贾鲁为工部尚书、总治河防使，贾鲁着手治理黄河和与之相邻的汴渠。贾鲁赴任后，身体力行，不辞劳苦，迅速征发民工15万、军士2万，四月动工。首先疏通了280余里的黄河故道及汴水等支流。接着又堵塞黄河大小决口107处，筑堤500余里，至十一月，全部竣工。黄河复归故道，汴河南入淮水，河患从此消除，漕运得以复兴，汴河沿岸又重新恢复了昔日的喧闹。

贾鲁河说

贾鲁河，“自郑州浚汴，历中牟抵祥符，西南境至朱仙镇，经吕家潭，递至周家口，会沙、涡、汝、颍诸水，以达于淮。河的上源，即汴河的南支，也就是郑州以上，京水汇纳索、须诸水”。实际上，自郑州至中牟一段，是对北宋建隆年间，所开金水河（今天源河）故道的修复；朱仙镇向东南至周口一段，则是对北宋惠民河的修复；而从中牟至朱仙镇的一段，

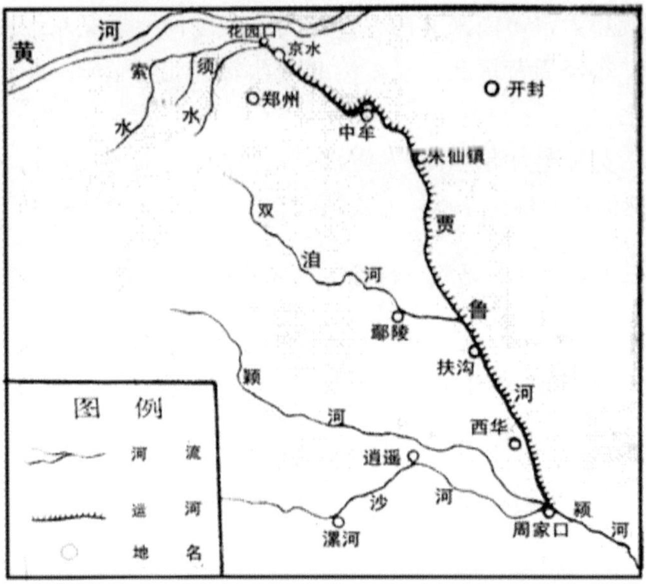

贾鲁河水系

则是贾鲁主持开凿的新运河。

（一）郑州贾鲁河，即汴河的南支

汴本作“汳”，即浚仪渠，又名莨荡渠。其上源古称黄水，发源于古京县南的黄堆山，东南流名祝龙泉，泉势沸涌，状若巨鼎扬扬；西南流称为龙项口，世人称京水。又向北注，再流向东北到故市县故城（今惠济区固城村）南，再往东北注入荥泽南，分为二水：一水北入荥泽，一水东北流至黄雀沟（今惠济区石桥村），又东北注于济水。

（二）索、砾二水名济水

索水，源于荥阳的大周山（今嵩渚山）。古称旃然水，在荥阳境内分为两支。

一支东北流，因流经小索亭西，而得名索水。又因流经京县，称京水。东北流经荥阳城西南（今古荥镇岔河村西），须水（又名睢水或小索水）南来北注，合称为“索须河”。又东经荥阳故城南，又东经周苛塚北，又东流北曲西转，北经荥阳城东，而北流入济水。

另一支北流为旃然水，流经广武山南麓，东流至砾溪。砾溪，古称旃然河或鸿沟，今称枯河或枯涸。

（三）索水注入砾溪，合称卞水或汴水

汴水，亦称济（姬、泲）水或荥水，东入中牟县。当初大禹塞荥泽淫水，开之以通淮泗，也是汉代的“荥口石门”。隋炀帝开凿通济渠，自板渚引河入汴的汴口，也在此地。

（四）索须河在郑州西北，又分为南北两支

南支由郑州西北隅双桥村入境，向东北流过贾河村南，折而东流至河湾村东，又折而东北流经弓寨、木马、东赵、李拐等村，至

京水镇之南，又折而东南流至大河村，与贾鲁河相汇。

北支接汴河，由郑州西北隅常庄入境，向东流经花庄、蓝庄、大陵庄、于庄等村，至申庄之东，归入郑工合拢处的黑水池。历经变迁，习惯以京水村（古以滨京水而名）为界，以上称京水，以下谓之贾鲁河，今又统称为贾鲁河。索须河也是贾鲁河的一部分。

（五）郑水，又名七里河

由郑州西南至东南，汇纳十八里河与潮河诸水，同汇入汴河，为贾鲁河支流，后又统称贾鲁河。

明清时期的三次河殇

（一）第一次河殇

明正统十二年（公元 1447 年）七月，河决张秋沙湾入海，后决荥泽县入淮，命工部尚书石璞治之。是年，河决荥泽县孙家渡口（今郑州花园口附近），入汴河至寿州入淮河。此时，荥泽漕运码头徙于京水村南，称为康王码头，后称马头岗。

（二）第二次河殇

清同治七年（公元 1868 年）六月，黄河决荥泽

黄河决口漫溢

十堡（今南裹头附近），坐弯淘刷，水势抬高，漫堤过水。水由冯庄、常庄、东赵、大庙、京水到陈州等数十州（县），口门宽200余丈。水势下注颍、寿，入洪泽湖。

（三）第三次河殇

清光绪十三年（公元1887年）八月，郑州下汛十堡，石家桥黄河决口，自郑州漫中牟西北而下，大溜由贾鲁河、颍河入淮，经朱仙镇西八里，至新庄下达白潭，湮没40余州（县）。贾鲁河上游淤塞，朱仙镇中河流浅微，航行困难，商务顿衰，周家口开始走向萧条。

荥泽八景

随着古运河的开发与兴建，秦、汉、隋、唐时期的经济文化得到更大的发展与繁荣，尤其是隋唐大运河的开发与完善，使其两岸的城市得到迅速地兴起和发展。荥泽县就得益于大运河的惠泽，依托得天独厚的地理位置和水文条件，形成了丰富的人文景观和优美的自然景观，流传下享誉千年的“荥泽八景”。

“荥泽八景”在今郑州市惠济区境内尚有部分遗存。其起始于隋代，繁荣于唐代，主要是沿着隋唐大运河通济渠（今郑州北部的索须河与贾鲁河）沿岸排开分布的。在宋代以后与汴梁“清明上河园”一脉相承，并称为“中原文化经典之粹”。

“荥泽八景”是中原历史文化的一个经典，是历史文明岁月的一个铭记，经过历史长河的淘洗与磨炼，依旧散发着耀眼的光芒，虽然当年的风华已不复存在，但当你伫立在“荥泽八景”中凝望风景和追忆往事时，仍不禁为之震撼。它跟随着隋唐大运河的脚步而生，又因为大运河的迅速发展而走向繁荣；它以蕴藏久远的历史文化积淀，丰富着中原大地的文化底蕴和文化内涵，使得惠济区乃至郑州市显得古老又独具魅力。

“荥泽八景”主要包括纪庙丰碑、黄河古渡、岳山耸翠、隋堤烟柳、鸿沟暮云、广武晴岚、惠济长桥、古城牧唱八大景点。

（一）纪庙丰碑

“纪庙丰碑”位于郑州市惠济区古荥镇纪公庙村纪信庙保护区内，是“荥泽八景”之首。“纪庙丰碑”为什么会位居“荥泽八景”首位？它又有什么传奇的故事和历史文化信息呢？

纪信（？～公元前204年），字成，汉代将军，赵人。公元前209年，纪信跟随刘邦起兵反秦，并参加了陈胜、吴广领导的农民起义，在战争的洗礼、反秦的斗争中，纪信英勇忠诚，被刘邦视为亲信，而后跟随刘邦进入咸阳推翻秦王朝，接着又护佑刘邦安全又惊险地赴过鸿门宴。公元前204年，纪信为了保护主公刘邦的安全，为了黎民百姓免于生灵涂炭和大汉王朝的未来，在荥阳城危时主动请缨，伪装成刘邦，向西楚霸王项羽诈降，而后被俘，项羽怒而焚之。

刘邦建立大汉王朝后，为了感怀纪信的救命之恩和忠诚义气，在纪信死节的地方修建纪信墓，筑庙宇纪念，用以表彰纪信的忠烈和大义。在《魏书·地形志》里就有荥阳郡“有纪信冢”的记载，这可以充分证明，在魏时，纪信墓就已经存在于荥阳古城了。今纪信古墓依旧存在。该墓冢周长约140米，高11米，用2003块花纹图案极其精美的空心砖扣合而成，是郑州地区规模最大的汉代空心砖墓。现在，纪信墓已经得到开发保护，并向游客开放。

汉代以后，纪公庙几经损毁，又几经重建，数不尽的历史沧桑，道不完的岁月蹉跎。唐天宝七年（公元749年），皇帝下诏为忠臣义士修建庙宇，纪信庙又得以重生。

唐天宝年间修建的纪公庙，至今已经走过千年岁月，不仅是帝王将相、达官贵族缅怀忠烈的场所，也是老百姓祭拜先烈、祈福平安的庙堂圣地，更是文人墨客追忆历史文化、忠烈情怀，赋诗题词、挥洒笔墨的案台。元代诗人赵孟頫就因纪信的故事而感动，并写下《咏史》歌颂纪信：

酒酣斫剑气如云，
屠狗吹箫尽策勋。
汉室功臣谁第一，
黄金合铸纪将军。

于是，在历史的长河里，在帝王将相、文人墨客的唱和下，碑刻成为纪公庙中最引人注目的景观，它不仅是记录和歌颂纪信丰功伟绩的诸多石刻碑文，是人们用不同的方式来歌颂和缅怀纪信，更是一种从心底里发出的敬仰。

据传在1957年，纪庙丰碑还存有30多块，到目前只存23块。其中价值最高、影响最大的当属1300多年前，唐长安二年（公元702年）所立的“汉忠烈纪公碑”。该碑通身高2.9米，宽1.1米，厚0.27米，碑文共刻有901字，立碑者为当时的荥阳县令孔祖舜，并由初唐著名书法家卢藏用撰文并书丹（即刻石必须经过的三道工序之一）。所刻碑文采用的是隶书镌刻，人们欣赏时，无不感慨其端庄雅丽，并称之为“露润花研，烟凝修竹”。此碑刻也是目前在纪公庙所发现的时代最早的一通碑刻，“汉忠烈纪公碑”由于其撰文的独具魅力和优美恢宏，其书法的浑厚隽永和凤泊鸾漂，其雕刻的匠心独运和功法上乘，使其成为一通不可多得的、非常珍贵的唐代碑刻。其独特的历史文化内涵和高超的书法篆刻技巧，对于后人研究汉唐文化及书法篆刻艺术都有着不可替代的价值。

同时，它也受到历代文人墨客的追捧和赞扬，许多文人骚客都留下了传诵至今的诗句，其中最出名的当属民国元老于右任的诗句，“广武山前野草春，将军殉国此焚身。刘兴项仆成陈迹，独有忠臣庙貌新”。由于该碑文美誉度甚高，在中华人民共和国成立后，该碑文拓片曾受邀东渡日本展出，受到日本业界的一致好评和称赞。此碑刻现收藏于郑州市古荥汉代冶铁遗址博物馆。

纪公庙现为河南省文物保护单位。近些年，郑州市文物部门对

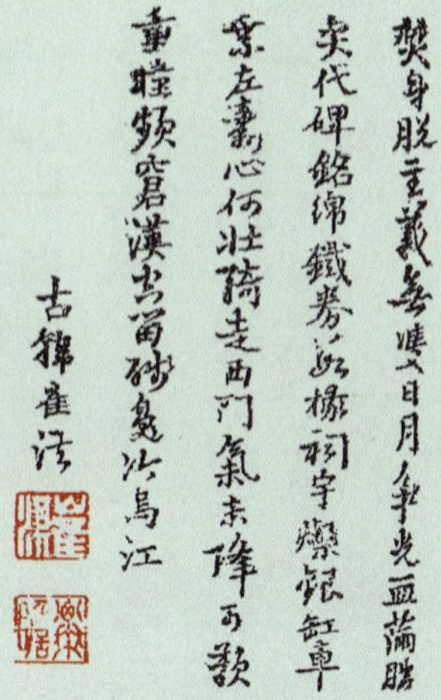

纪公庙碑刻

纪公庙进行了修葺，加强了管理，现已重修大门和大殿。其中，纪公庙大门为汉阙式建筑，高 8 米，占地 105 平方米。其大殿为殿庑式汉式建筑，面阔 5 间，宽 21 米，进深 9 米，高 9 米。殿内又重新塑了纪信坐像，高 3 米有余，供后人瞻仰和缅怀。

在纪公庙里，还存有唐、宋、金、明、清、民国等历代各式碑刻 30 余通。碑文均从不同角度、运用不同体裁记载和歌颂纪信的忠烈事迹。“纪庙丰碑”融合了多种体裁和各种书法艺术，是诗、词、歌、赋的交汇，是楷、草、隶、篆的交锋，仿佛将一段长达千年的历史放进了一座庙宇里，把数种文体和书法艺术放在了一件艺术作品上，是艺术与文化交流和融汇的殿堂。

“纪庙丰碑”不只是几块庙宇里摆放的冷冰冰的石碑，也不是几个刻着优美文字的书法雕刻作品，它传承和记载着的是历史、国家、人民对忠烈，对爱国、爱人民气节的赞扬和肯定。这也就是“纪庙丰碑”位居“荥泽八景”之首的原因。

（二）黄河古渡

“黄河古渡”位于古荥镇北端岳山东麓黄河中下游分界处的黄河铁路桥附近。古代的黄河，是不经过古荥阳（今郑州市惠济区）

的。后数次改道，始从荥阳故城东北岳山脚下流向大海。黄河之水从黄土高原滚滚奔腾而来，夹杂着泥沙、扑着浪花将河水倾泻在这下游的一望无际的华北平原上，在这黄河中下游的分界处，地势由高耸陡立变为平坦，水流也就由急促变为平缓，河面更加开阔，风平浪静，正是修建渡口的天然场所。

黄河流域，特别是从西安经洛阳、开封到河南东部一带，一直都是经济繁荣、文化发达的地区。由于经济发展的需要，河运作为一个便利的交通运输途径，在地区交流和往来中扮演着非常重要的角色。而黄河古荥阳段，即岳山脚下的这片广阔而又平缓的水域，依托于陆运发达的中原腹地，又兼具优良的地理环境和水文条件，被称为“南北交通之孔道，东西航运之绾毂”，再加上沿岸城市经济发展和物资交流的需要，这个地方自然而然形成了一个天然渡口。

遥想当年，黄河渡口人头攒动，人来车往，热闹非凡。堆积如山的货物等待着运送，一位位壮年男子肩扛货物，匆忙地装货或卸货。码头上热闹至极。一名搬运货物的壮年男子匆匆躲在树荫下喝了一碗不知名的茶水，望着源源不断的货物，苦笑一声后又跑起来，加入了搬运货物的人流中。码头边顺着河流形成了一条长达数里的集市，集市上货物繁多、琳琅满目，就是外地的客商也乐于忙里偷闲转上一转。河边的酒楼里，客商们吃着喝着，看着风景谈论着生意上的往来，楼下的卖货郎的吆喝声穿过酒楼的窗户，一直传到码头边。河面上一艘艘船依次排列开来，满载货物的船，鼓起风帆，穿梭在水面开阔却挤满船只的河道上，岳山的耸翠绿了整个山峰，也醉了船家的心情，岳山将倒影挥毫泼墨在水面上，用青翠在黄河里倒映着无限的光彩，而后又被橹桨划开一道道波浪，构成了一幅绝美的自然风光图，将黄河古渡描绘在画里。

两岸客栈酒肆的叫卖声，集市货郎的吆喝声，鸡犬的鸣叫声，还有船夫的号子，融为一体，在黄河古渡空中形成一首特别和谐、特别祥和的交响曲，彰显着经济繁荣，诠释着太平盛世。黄河古渡因其地理优势和水文条件而成为天然渡口，极大地促进了两岸经济

星源淼淼鎖雲烟波浪何曾異昔年
呼喚長流搖玉棹舟横楚渡拂珠鞭
利名客走洪濤裡南北人來古驛前
一片平沙迷望眼數峰倒映水中天

古韓 崔淇

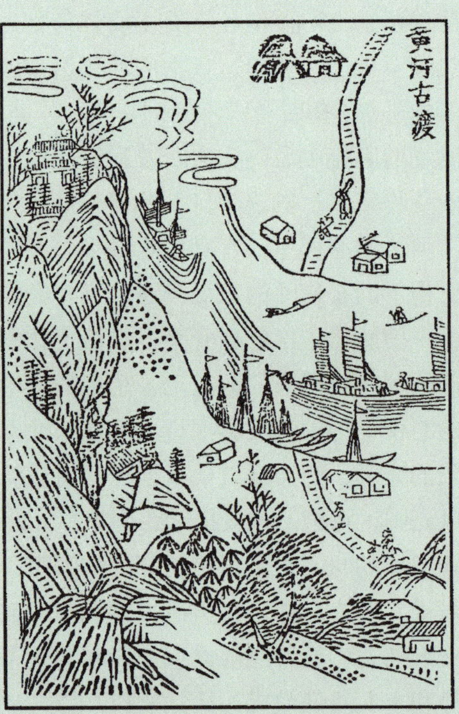

的发展和繁荣，使百姓安居乐业、富庶安康，使得秀美的岳山和古老的荥泽在昌盛与祥和中更加美丽和充满魅力。

古代的文人墨客也曾在黄河古渡来往，并留下印记，他们对此处的经济繁盛和渡河的便捷称赞不已。明代于谦就曾称赞黄河古渡，“顺风吹浪片帆轻，顷刻奔驰十数程。舵屋炊烟犹未熟，船头已见汴梁城。”清人郭奎光曾以“横绝浊流争蚁渡，平看晚照摇金波”描写黄河古渡的繁忙景象。

现在，“黄河古渡”已不复当年风采，而距其不远的黄河铁路大桥继承了“黄河古渡”的使命，继续着繁忙的经济交流和文化传递。古渡、新桥，遥遥相对，诉说着黄河的今昔，也诉说着荥泽（今惠济区）的今昔。

（三）岳山耸翠

岳山位于古荥镇北部黄河中下游接合部的黄河南岸。岳山为黄土丘陵地貌，其东扼黄河古渡口，西拒广武涧，南濒砾石溪。《乾隆荥泽县志》曾这样记载：“岳山，陡崖壁立，群峰拱向，北枕黄河，南临陡涧。上有真武殿、吕祖庵，并三仙、广生二祠，下有玉皇阁、岳山寺及禅室、连天洞，古柏葱葱。登斯岭山，俯视黄河，远眺层峦，满目榴花，遍地沟壑，山原之间，人称为小桃源。”

岳山横跨荥泽古城，给古城增添了一份绿色和美丽的生机，岳山层峦叠嶂，群峰耸立，崇山峻岭，茂林修竹，水流急湍，映带左右。其主要的山峰有五龙峰、骆驼岭、三皇山、莲花顶、小顶山、云台峰等。而岳山又依靠着黄河川流不息的滚滚河水，形成了得天独厚的天然险关要隘，地理位置十分重要和突出，这也使得岳山一带在古时候就是军事要隘，是兵家必争之地。

岳山的主峰是五龙峰，《乾隆荥泽县志》记载：“五龙峰在岳山巅，五峰对峙，旺气钟焉”。根据中国古代传统的说法，“气乘风则散，界水则止”，而五龙峰的地理位置和地形环境，正好符合这一传统的说法，其三面环山，五峰攒簇，气聚而不散，一面环水，气行而止，正好成聚气而不散的圣地，也被世人看成风水宝地。

从五龙峰向东走大约 1.5 公里，就是岳山寺的所在。在岳山上，大大小小的寺庙有 18 处之多，坐落在岳山的山峰之间，交相辉映，俯视着秀美的山河，夹着葱郁的山林，成为一种带有禅趣的美景。明末清初诗人沈荃曾作《游岳山寺》诗题赞：

古刹山阿里，秋光处处寻。
云坞团野色，石磴逼梵音。
日映昙花影，风吹贝叶林。
大雄演法处，晚树带归禽。

岳山地理位置和水文条件的恰到好处，加上黄河古渡口的贸易兴隆，又依托其中原腹地的南北、东西交通之要道，根植于古荥阳这片兴盛的土地上。岳山自然风光优美，加之古荥阳的经济富饶和文化丰富，是文人墨客、达官贵人登高远眺、欣赏美景的天然场域。在古时候，不仅达官贵人、文人墨客，甚至寻常百姓都常常留恋于岳山的耸翠、岳山的富饶和风光的独具魅力。

崇山峻岭的挺拔，山林密植的繁茂，松柏叠嶂的苍翠，葱葱郁郁的秀色，云雾缭绕的仙境，鱼翔浅底的欢快，山歌回响的渔夫，美丽动人的采莲女，歌舞升平的村落，泼墨挥毫的文人亭，登高远眺的君子阁，禅钟破晓的岳山寺，组成了一幅优美的画卷。每当置身山中，从玉皇阁走过岳山寺，将黄河咆哮的雄浑尽收眼底，一缕清风夹杂着枣花、石榴花的香气，扑面而来，不及防备却又立刻深深地迷恋在这诱人的芳香里，香气落在秀美的岳山上，落在奔腾的黄河水上，点落水花，激起层层水雾，挥洒在山林间，洗净了山林的灰尘，为整个岳山披上了清新秀丽的衣裳。耳畔的晨钟暮鼓、诵经人的禅音佛曲、船夫的声声号角，萦绕着云雾的仙气，从大美岳山掠过，掠过秀美的群山，掠过观赏者的畅快心情，一笔一画都在刻写绝美的画卷。

古韩崔淇

岳山上还有许多优美的景点，分布在青翠的山林中。从明清起昌盛一直到现在，岳山仍是当地人和周边游客欣赏美景的绝佳选择。在当今物质生活越来越丰富、生活节奏越来越快的时代背景下，寻觅秀美风景，观赏自然风光，踏寻自然气息，寻找钢筋混凝土建筑之外的诗意生活，是都市人们的一种绝佳的享受。

（四）隋堤烟柳

隋堤，位于古荥阳东部，是隋唐大运河的防护大堤。《乾隆荥泽县志》记载：隋堤，隋炀帝所筑。自板渚历荥阳莨荡渠东，达汴河堤。堤旁树柳，谓之隋堤柳。

隋唐大运河通济渠郑州段（在今惠济区）是隋唐大运河的重要河段，位居郑州北部黄河南岸。大运河的开凿是为了加强王权统治和南北统一，但是客观上极大地促进了物资的流转和商业贸易的流通，促进了文人墨客的南北游历交流和南北文化的融汇，促进了民族的融合和进步。

大运河广四十步，被称为御河，河岸修筑有御道，并栽植了柳树，因柳树为隋炀帝九年（公元 614 年）栽植，所以被老百姓称为“垂杨（炀）柳”。由于隋唐大运河的经济和政治作用，其两岸又均为古代中国繁华富庶之地，保护大运河就是一项非常重要的任务，于是隋堤的维护就显得格外重要。栽植柳树，一是可以进一步加固河堤，二是可以防风固沙，三是可以绿化美化环境，为后人留下一片绿荫。

由于隋唐大运河的开掘和通航，两岸的经济和商业迅速发展，人民的物质生活也在运河的帮助下越来越富足，物质生活丰富之后，精神上的享受便提到了议事日程上。漫步在隋堤时，清风徐徐吹来，卷起大运河里的水雾，随风舞动的杨柳沐浴在轻纱般的烟云之中，婀娜的柳条舒展着轻柔，柳叶欲滴的青翠弥漫在人们的脸庞上，仿佛置身于烟雨蒙蒙的仙境。远处的炊烟从农户院中飘出来，飘到隋堤，萦绕着柳枝，飘向白帆点点的大运河，使人不禁想起江南的风

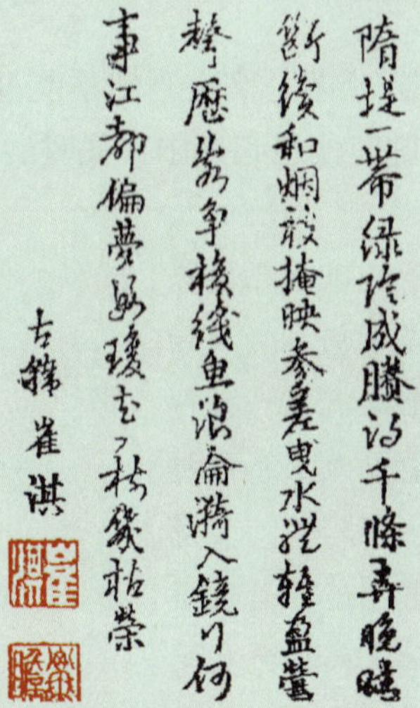

隋堤烟柳

花雪月。

人间仙境自然吸引文人骚客，文人当然不能没有诗。唐代著名诗人刘禹锡漫步隋堤，烟柳使他想起荥阳古代时的战场，感怀国事，写下一首悲怆的诗歌：

隋堤风景已凄凉，
堤下仍多古战场。
金镞有苔人拾得，
铁衣无土鸟䘏将。
边声暗促河声急，
野色遥连日色黄。
独上高楼更愁绝，
戎鼓惊起雁行行。

这首诗尽管没有多少描写隋堤美景的诗句，但已经可以充分说明在唐代，隋堤在文人墨客间是享誉很高的，也可以从侧面反映出隋堤的景色也是很独特的。这里不仅有自然秀美的风光，有垂柳微风的轻柔，有雨雾弥漫的清新，还有历史文化的厚重和沧桑。

（五）鸿沟暮云

鸿沟，位于古荥东南部，是中国古代最早沟通黄河和淮河的人工运河，于东周末期战国魏惠王十年（公元前 360 年）开始兴建，是楚汉争战中中分天下的分界处。《乾隆荥泽县志》记载：鸿沟，在广武城中。一涧横绝，名曰鸿沟。项羽与汉约中分天下，割鸿沟以西为汉，以东为楚。

说到鸿沟，就绕不开楚汉中分天下的故事。古荥的广武山，依据黄河的险要、群峰的叠嶂，地理位置非常险要，成为兵家必争之地。

公元前 203 年，汉王刘邦趁项羽在东方征战时，率军进攻，夺去其成皋要地，项羽得知心急如焚，急忙带兵返回，征讨刘邦。刘邦于是依据广武山，在西边修筑防御堡垒，项羽则在东边修筑军事堡垒，于是二者之间展开了长期的对峙。对峙期间，项羽要烹煮刘邦的父亲，刘邦也曾被项羽射中了前胸；最后纪信的诈降成全了刘邦。项羽面对败局手足无措，被迫接受刘邦的汉约，约定以鸿沟为界，中分天下。

在现在的黄河游览区里，有一个著名的景点，就是“汉霸二王城”。汉霸二王城坐落在广武山上，西边是刘邦修筑，叫“汉王城”，东边是项羽修建的，叫“霸王城”，亦称“楚王城”。这两个城对立相望、相峙，被人们合称为“汉霸二王城”。在汉霸二王城中间，是项羽和刘邦隔涧对话的那条广武涧，也就是楚汉中分天下的分界线——鸿沟。

战场上的鸿沟，记载了楚汉之争和中分天下的历史，而在自然风光里，鸿沟一带更是不可多得的赏景佳处。随着时间的推移和岁月的流逝，楚汉之争已经成为历史，记录在典籍中，但我们在鸿沟，还是能感受到当年两军对峙的气势和战争一触即发的紧张，历史的厚重感存留在鸿沟的河水中，停留在广武山间，文人墨客往往也怀古而来。北宋诗人王禹偁路过这里，在看到鸿沟景色时，不禁心生感慨，追忆楚汉中分时的场景，写下《过鸿沟》：

侯公缓颊太公归，
项籍何曾会战机。
只见源沟分两处，
不知垓下有重围。
危桥带雨无人过，
败叶随风傍马飞。
半日垂鞭念前事，
露莎霜树映斜晖。

文人骚客缘古而来，却因美景忘返。特别是傍晚时分，当那一轮红日渐沉西山的时候，天空中泼洒着诱人的红，一片片的云

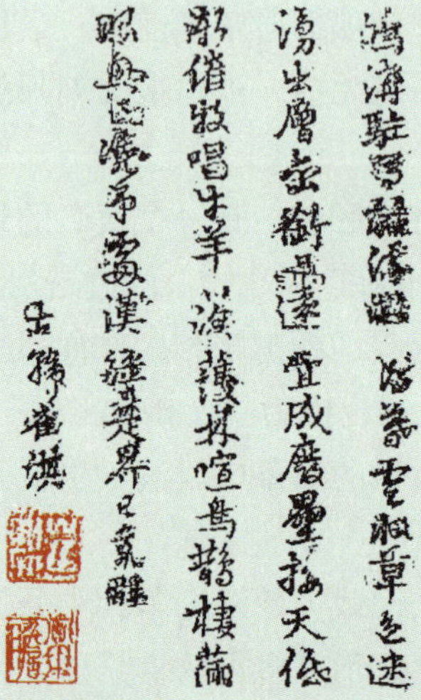

鴻溝暮雲

朵，染了粉彩挂在天边，各种各样的形状让观望的人不禁瞠目结舌，晚霞将天空打扮得极其美丽，而大地上的万物，也被晚霞照耀成金色的模样。吹着晚风，看着落日落在广武山顶，看见鸿沟的河水泛着金黄，将落日裹在怀里，牧羊人驱赶着羊群回家，鸟儿挥着翅膀从河面掠过……游人总是忘记时间，直到天色暗下来，才不得不离开。

岁月如梭，楚汉相争的故事已经恍然过去两千多年，但是“楚汉相争，鸿沟为界”的典故仍在中国象棋棋盘上继续演绎着。

（六）广武晴岚

广武山，据黄河天险，山峰叠峦、绵延不断，挟南北、东西交通之要道，地势险要，自古以来就是兵家必争之地，在广武山发生过多次的战争，是一个王权更迭的古战场。

《乾隆荥泽县志》记载：在县西十里许，山势自河边陡起，由北而南绵亘不断，通郑梅、泰、紫荆诸山，峰峦尖秀，峭拔数十丈，朝霞暮烟，变态万状。《河南通志》记载：三皇山广武山俱在河阴县北约十余里，二山相连，其上有广武二城，即楚汉屯兵相拒处，其麓东跨荥泽，南临汜水，连亘五十余里，其旁有小山名金山。

广武山也就是“荥泽八景”中第五景“鸿沟暮云”里所提及的山峰，鸿沟也就是广武涧，是广武山之间的河涧，是汉霸二王城所坐落的山峰，它不但记载了楚汉相争的历史，而且见证了楚汉中分天下的局势。

许多文人墨客都曾来到这里寻觅历史，寻觅古战场的气息，寻觅岁月的痕迹，每次都会提笔留下传世的诗篇，感怀旧事，感伤国事，感念古战场之事。唐代著名诗人、诗仙李白就曾路过广武山，看到广武山的风光和鸿沟的景象，不禁想起旧时征战的状况，感怀旧事，写下了《登广武古战场怀古》：

廣武山頭感慨多天河落嵐色藹嵯峨
輕曦直射層冰落雨霧橫籠素練拖
城分东西留戰跡嶺連高下聽樵歌英
雄難多窮途哭醒子逢名奈若何

孟津崔淇

秦鹿奔野草，逐之若飞蓬。
项王气盖世，紫电明双瞳。
呼吸八千人，横行起江东。
赤精斩白帝，叱咤入关中。
两龙不并跃，五纬与天同。
楚灭无英图，汉兴有成功。
按剑清八极，归酣歌大风。
伊昔临广武，连兵决雌雄。
分我一杯羹，太皇乃汝翁。
战争有古迹，壁垒颓层穹。
猛虎啸洞壑，饥鹰鸣秋空。
翔云列晓阵，杀气赫长虹。
拨乱属豪圣，俗儒安可通。
沉湎呼竖子，狂言非至公。
抚掌黄河曲，嗤嗤阮嗣宗。

转眼，楚汉之战早就埋在历史的泥土里。广武山由于优越的河流条件和交通位置，经济发展有很大的优势，两岸城市的繁华已经让人们看不出曾经战火的痕迹。由于古战场的熏陶，让广武山更显得内秀而且静美。当太阳从东方升起、早晨的第一缕阳光突破阻碍，洒落广武大地时，一切美丽都悄然升起：鸟儿一早儿就放开了嗓子歌唱，阳光洗涤的山林，含着光、吐着翠，秀美而又静雅。微风吹拂，从河面卷起的层层雨雾，如同薄纱，清澈着空气，涤荡着游人的心灵，微风从姹紫嫣红的花朵中吹过，将香气萦绕在广武山间，只需轻轻一嗅，顿时感到心旷神怡。寺庙的晨钟打破了沉寂，大门敞开着，迎接着川流不息的祈福平安的百姓。黄河上点点白帆鼓足了劲儿顺水而流，划开水面，激起层层浪花，打到岸边，湿了游人的腿。一切的美丽都从那一缕阳光开始，点滴笔墨牵动着绝美的广武画卷。

（七）惠济长桥

惠济桥，位于郑州市惠济区大河路办事处惠济桥村中部偏东北。它是横跨在隋唐大运河上的一座具有千年历史、造型设计精湛优美、结构合理，且具有相当高的艺术、历史及工艺价值的三孔拱圈石桥，是与赵州桥并称的我国古桥梁的建筑奇迹和工艺奇观，是大运河通济渠郑州段重要的历史见证。《乾隆荥泽县志》记载：惠济桥，在县东八里许。昔贾鲁河经流其下，今河徙而南，止存石桥，附居者烟火千家，往来贸迁多会于此。

惠济桥是隋唐大运河上的一座著名石桥，始建于隋代，一直沿用到宋元时期，明代嘉靖年间，官员张书基督工重新修复该桥，并取名为“惠济桥”，寓意为惠济行人和乡民。而后由于大运河继续带来的经济发展，惠济桥附近的商业贸易日益频繁，于是在惠济桥附近就聚集形成了村落，并以桥名村，称为“惠济桥村”。现在在惠济桥村还保留着明代重修惠济桥的石碑，上面书写着重修石桥的事件及募资捐款人员名单及金额，石碑高 2.25 米，宽 0.7 米。店铺生意人和民众踊跃捐款重修惠济桥，可见在当时惠济桥附近经济的繁荣、百姓的富庶和重修惠济桥的必要性。

惠济长桥是“荥泽八景”之一。它是一座东西走向的三孔拱桥，整桥全部由精心雕刻的青石打造铺设而成，长 40 余米，宽约 5 米，两侧皆建有精心雕刻成各种图案的石栏杆，全桥有 18 根石栏杆，每根石栏杆顶部都镶嵌有一座铜制罗汉。十八罗汉形态各异、姿态万千，或怒或笑，或庄或谐，惟妙惟肖，更突显出了惠济桥的异常精美。在惠济桥两头还分别修建有一个高高的桥楼，称为“风雨楼”，主要是供百姓和游人躲避风雨使用的。惠济桥在设计与建造上，既充分发挥其沟通两岸的实用功能，又强调突出其审美功能，既修建了一座桥梁，又成就了一件艺术精品。

在惠济桥下，大运河流淌着清澈的河水，鱼儿欢快地游着，尽享水底世界的精彩；船上的游人、渡客不时对两岸的繁华和惠济桥

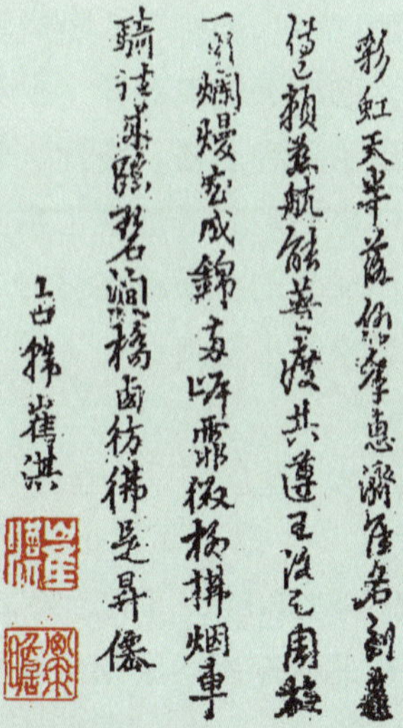

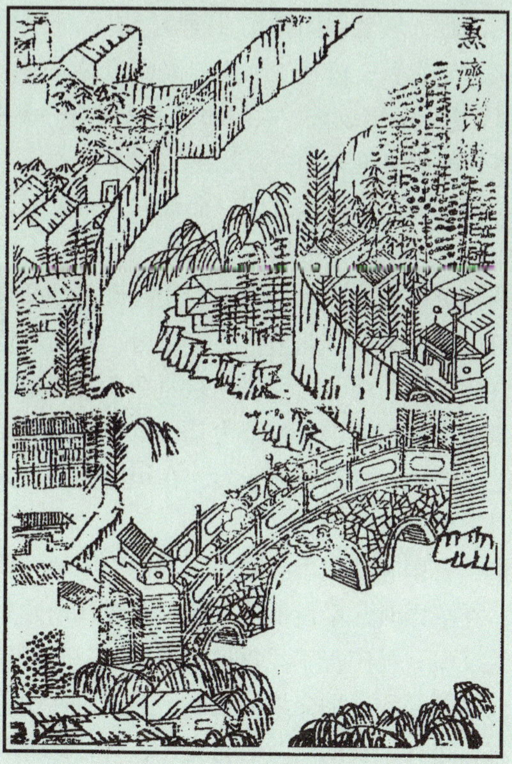
惠濟長橋

的精美发出感叹；两岸的“隋堤烟柳”，随风将清新的气息送来，渲染着柳树上莺飞燕舞，柳树下长者对弈、少年嬉戏打闹的一片平和景象；岸边的街道铺满了各种酒楼、商铺、驿馆，欢快的笑声把“拥挤的”繁华一直传递出去。远远地观望惠济桥，总不自觉地将它看作一条彩虹，美丽而又梦幻，横跨在运河之上，连通这繁华的世界，像一幅描绘天堂景象的水墨画。

（八）古城牧唱

古城，即“荥阳故城”，位于郑州市惠济区古荥镇。故城南北长约2000米，东西宽约1500米，周长7000余米。其东墙已被济水泛滥时冲没，只有东北、东南两个拐角尚存，残存城墙最高处20米，上宽10米，基宽30米。该城墙采用版筑的方法修建而成，层次分明、夯窝清晰，城墙坚固厚实。西城墙有3处缺口，应为城门遗迹。故城兴起于春秋，修建于战国，兴盛于秦汉，荒废于北魏时期，从兴起到衰败，荥阳故城一共经历了一千多年的辉煌和繁华，也见证了一千多年的历史沧桑和岁月蹉跎。

古城因其位于荥泽西岸荥水之阳，而被称为“荥阳”，郦道元在《水经注》中称之为“荥阳故城”。该城地处黄河中下游的接合部，往东通过鸿沟可以连通淮水、泗水，往西可通过虎牢关直接沟通洛阳，向南可以遥望京索，北边依靠着邙山，濒临着黄河，地势险要，地理位置优越，为南北之绾毂、东西之孔道，是当时中国沟通东西南北的水陆交通枢纽，也正因为其山脉地势险要，且有荥阳关和虎牢关等险关要隘，并据黄河天险，在历史上一直是兵家必争之地，也是当时著名的古战场。

在春秋时期，晋国和楚国争夺霸权，为称霸中原，曾在此处展开激烈的鏖战；在战国时，秦设郡治于此，并在邙山建立敖仓；秦末，农民军起兵反秦，吴广曾率兵攻打荥阳故城；随后的楚汉之争中，荥阳多次成为刘邦和项羽交战的场所，并在广武山上修建了著名的汉霸二王城，进行了长期的对峙与交锋，并在此签订合约，以

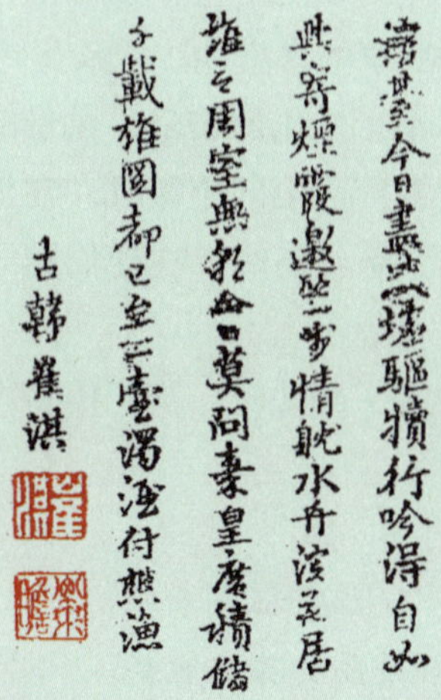
古韓崔淇

古城牧唱

鸿沟为界中分天下。可见，在历史上，荥阳由于地理位置的优越，往往是军事战略要地和战争的多发地。

荥阳故城历史的厚重，文化的丰富，风景的秀丽，吸引了大量的文人墨客。在他们欣赏广武山的雄峻时，在他们听到黄河的咆哮时，在他们看到当地的繁荣经济时，在他们踏寻古战场的痕迹时，总会抒发无限感慨。

明末清初诗人李瀚游历到此时，被纪信将军的事迹所感动，写下了《荥阳怀古》一诗：

汉祖东征志未伸，
荥阳失律纪生焚。
当时天下方龙战，
谁为将军作诔文。

而随着古城的废弃，曾经显赫的会盟台、点军台已经变成了乡村孩童嬉戏的场所，昔日刀光剑影的沙场变成了肥沃的农田和村落的房舍，曾经的古战场已经洗尽了血色，变成了祥和、稳定的百姓家园。百姓安居乐业，经济发展繁荣，一切都显得生机勃勃、风光无限。荥阳古城有崇山峻岭、茂林修竹、清流急湍、阡陌交通，田园里的庄稼在茁壮成长，远处放羊的牧童轻轻摇动着鞭子，唱着儿歌，歌声传遍祥和的古城，伴着清风，唱出一个太平盛世。

唐代著名诗人王维慕名来到古城，被古城的祥和所吸引，并写下传诵至今的诗篇——《早入荥阳界》：

泛舟入荥泽，兹邑乃雄藩。
河曲闾阎隘，川中烟火繁。
因人见风俗，入境闻方言。
秋野田畴盛，朝光市井喧。

渔商波上客，鸡犬岸旁村。
前路白云外，孤帆安可论。

京汉铁路郑州黄河大桥

京汉铁路郑州黄河大桥位于荥阳（今古荥镇），建造于1903年9月，竣工于1906年4月。该桥长3015米，横跨黄河两岸，是我国历史上第一座跨越黄河南北的钢铁结构铁路大桥，也是中华人民共和国成立以前最长的桥，它曾见证了中国近百年的历史变迁。

这座铁路大桥是卢汉铁路（京广铁路的前身）的首要工程。桥的选址，关乎全线走向。经过两年多的

郑州黄河铁路大桥

勘察，比利时工程师把建桥地点选择在了广武山东缘（俗称邙山头）——这里是豫西山地的尽头，是中国二级台地向三级台地过渡的地带，选择这里修铁路，可以避免黄河水患威胁。由此，卢汉铁路放弃了处于北京与武汉直线上的名城开封，偏向西边，光顾郑州。正是黄河与广武山的走向，成就了郑州这座城市百年来铁路枢纽的地位。

1987 年大桥被拆除，但是所有的桥墩仍屹立在黄滔浊浪之中，起着战备的作用。在黄河南岸，遗留下了 5 孔桥梁，依然守在原址，向人们诉说着百年的沧桑。

京汉铁路郑州黄河大桥为中国经济发展做出了突出贡献，具有重要的科学价值和历史价值。

一九三八年

第十二章

民国时期的荥泽风云

MINGUO SHIQI DE XINGZE FENGYUN

荥泽古城民国时期仍饱经战争的煎熬，先后经历一系列历史事件，为中华民族的历史发展做出了不可磨灭的贡献。

国民革命时期爆发的直奉战争，蒋介石阻击日军西犯，花园口掘堤，“铁军”三十八军英勇抗敌及解放郑州等事件都发生在这里。

流淌的汴河

汴河即贾鲁河，由郑县西南隅李河之南入境，向北流经小李河、侯寨一带，至尖岗折而西，流至田河村西，折而北流至郑湾之西，又折而东北，流经陈五寨、老鸦陈等村，至河村又折而东南，流经徐庄、宋庄、小郭村、大花庄、小孟庄、康庄，入中牟境。

国民革命时期

赵倜

1922年，第一次直奉战争爆发，冯玉祥坐镇郑州。时任河南督军赵倜联合奉军发动郑州战役，命河南军务帮办兼归德镇守使宝德全率十营兵力，绕道黄河南岸，从古荥一带包抄冯军左侧背，形成三面包围之势，以歼直军。正危急时，邓宝珊自洛阳率兵援冯，击溃赵军。

第二次直奉战争爆发后，冯玉祥发动了北京政变。冯玉祥于1924年11月由北京南下入豫，于12月4日占领安阳、新乡等地，进抵黄河北岸。吴佩孚的35师师长憨玉琨部占据南岸邙山头制高点，并控制了京汉铁路黄河铁桥，国民二军渡河被阻。孙岳派何遂为第三军前敌总指挥，9日绕封丘，在柳园口渡过黄河，攻占开封，向西威逼郑州。同时，段祺瑞严令憨玉琨让出郑州，憨军被迫撤到荥阳，国民二军于12日渡过黄河，占领了郑州。

1927年初，奉系军阀张学良、张宗昌兵分两路自

张宗昌

河北、山东进入河南。直系军阀吴佩孚在郑州应战，并下令破坏黄河铁路桥，以阻止奉军南下。奉军自荥泽渡河，后占领郑州。

1930 年 2 月下旬，冯玉祥和阎锡山在太原会议决定联合反蒋。4 月，冯玉祥部很快占领了郑州，并驻军须水、京水（花园口镇京水村）、祭城等城郊外围。5 月 3 日，冯玉祥、阎锡山到了郑州，4 日，在碧沙岗召开了军事会议。

花园口掘堤

黄河花园口以黄河古渡而著名。因坐落于黄河中下游交界，汉时，王景治河理渠堤坤，即是所立水门之处。宋时也曾在此建闸治水。后因许天官（待考）曾建520亩花园，故名花园渡口，简称花园口。

花园口掘堤又称为花园口事件、花园口惨案。1938年5月，徐州失守，日军沿陇海铁路西犯，占领兰封县（今兰考县附近），开封失守已成定局。

花园口纪事广场

花园口掘堤，日军乘船逃亡

黄河花园口掘堤堵口记事碑

蒋介石怕开封失陷，再不扒黄河就来不及保护岌岌可危的郑州市，于是决定孤注一掷，扒开黄河，并吩咐下属“要打破一切顾虑，坚决去干，克竟全功”。此后，中国国民政府军事委员会决定，将豫东20万军队调离豫西山地，先于中牟赵口，后于花园口，扒开黄河大堤，人为决口“以水代兵”，用于阻止日本侵略军西进。结果使黄河浊流，夺贾鲁河直泄东南，洪水即自花园口、京水镇，沿贾鲁河、涡河及其流域洼地，进入淮河，横溢于豫、皖、苏之湖泊地区，分注于江海。决堤后不久，故河断流，致使3省44县市受灾，受灾面积达844259公顷，成为“黄泛区”，长达8年零9个月。每年汛期时，黄水都会泛滥回流倒灌，淹没农田，洪水过后便是蝗灾，到处是沙丘，根本无法耕种，对当地农业造成严重破坏。贾鲁河通航河流与航运事业，自此也被严重破坏。

1997年8月28日修建的“黄河花园口掘堤堵口记事碑”记下了中国近代史上这一重大历史事件，碑文如实地记载了花园口的扒口、堵口经过。

“铁军”三十八军英勇抗敌

（一）“铁军”三十八军

原国民党三十八军是民族英雄杨虎城将军所创建的原十七陆军主力部队，是发动“西安事变”的主力部队之一。三十八军进驻河南以后，从 1941 年到 1944 年，在河南古荥阳地区积极抗战，积极开展“广武战役”“黄河桥阻击战”“七袭古荥镇”等抗战事宜，成功收复郑州，保卫黄河铁路桥，同侵华日军展开了长达 3 年的殊死搏斗，被称为“铁的三十八军”。

杨虎城

原国民党三十八军从大革命时期开始，就是一支英雄部队。毛泽东曾这样高度评价：原杨虎城部三十八军是我党统一战线工作的一个典范，三十八军及其前身十七陆军，以其不断进步的表现和巨大牺牲，在现代中国历史上树立了光辉形象。

坐落在小顶山上的报国亭，正是为纪念这支为国家的尊严、民族的独立而浴血奋战且功勋卓著的正义之师——国民革命军第三十八军而建。

（二）广武战役

第三十八军纪念碑

1940 ~ 1941 年，日军进犯黄河北岸，欲渡河南侵。为扼日军南下，保卫郑州，国民党第一战区司令长官卫立煌奉命急调陆军第三十八军驰防黄河南岸。该军在军长赵寿山、十七师师长耿志齐等率领下，在古荥、广武一带与日军展开长期的激战。时任广武县县长刘绍唐组织临时爆破队（敢死队）炸桥梁、毁铁路、救伤员，配合主力部队重创日军。

该战役史称“广武战役”，是中国军民正面抗击日寇的典型战例。

广武战役主要包括黄河桥阻击战和七袭古荥镇两次大的战斗。

1. 黄河桥阻击战

1941 年 10 月 1 日凌晨至 10 月 2 日拂晓，侵华日军三十五师团率先以一个联队大约 2000 人，骑兵百余，外加火炮 4 门，企图从黄河铁桥偷渡。国民革命军第三十八军军部于 2 日早上 7 时立即下达命令，部署安排作战方案和计划。

国民革命军第三十八军十七师作战计划部署完毕后，按照命令

“气壮山河”碑

于2日晚向铁桥南端之敌展开围攻，其中，四十九团由下河王向田坡、李庄进攻，一零一团向韩峒进攻，一零二团由邵庄南端向李庄进攻。3日2时，一零一团经过激烈巷战，英勇杀敌，不畏艰难，终于攻占韩峒，并由1营进驻。而敌军随后立刻增援大量兵力，第一营被迫暂时撤出。4时，国民革命军又发起猛烈进攻，攻占韩峒，经过反复争夺，敌我伤亡均衡。6时，敌军展开更大规模的进攻和炮轰，国民革命军暂时退出韩峒。四十九团先于3日4时攻克田坡，然后又立刻围攻孙寨之敌。

10月4日拂晓，在黄河铁桥附近的侵华日军谋划派遣主力部队集中到田坡、孙庄附近，在炮火掩护下，向上下河王、小李庄间国民革命军四十九团阵地发起猛攻，国民革命军英勇抵抗、奋勇迎击，阻止侵华日军的进攻，侵华日军又调集更多兵力，全力续攻，并以一支部队向国民革命军大刘沟左翼迂回，企图对国民革命军行夹击之势。此时四十九团一营阵地两处被敌军突破，一零三团增援反击，一零一团主力部队向孙寨北方敌军之侧后进攻，战斗激烈。到15时，国民革命军十七师主力在保合寨、大彭庄、程庄、孔庄、双槐树、大胡村以北宽约7公里的战线上，与敌苦战，国民革命军伤亡在500人以上，歼敌600人。但终因敌众我寡，加之侵华日军武器先进，6日晚间，“铁军”三十八军被迫撤离邙山地区，黄河桥阻击战失利。到了夜晚，侵华日军已经占领了南王村、岭军峪村、纪公庙村，至6日，邙山岭上的霸王城、汉王城、张山、张沟等地，均被敌占。同日，郑州陷落。

2. 七袭古荥镇

古荥镇独特的地理位置使其在战争时期尤其重要，国民革命军第三十八军和侵华日军在古荥镇就展开了一场场殊死搏斗。从10月4日晚，侵华日军占领古荥镇，到11月2日共29天中，国民革命军第三十八军七次强袭侵华日军，并最终收复古荥镇。

侵华日军占领古荥镇之后，紧急部署，加强古荥镇的防御工事，以提防国民革命军第三十八军袭击，并以此为据点，集结兵力，进行下一步的侵略计划。国民革命军第三十八军为了阻止侵华日军继续南下，收复广武、郑州，并最终取得广武战役的胜利，将夺回古荥镇看作是本次战役至关重要的一环。因此，国民革命军第三十八军必须拿下古荥镇，取得广武战役的胜利。

10月10日晚，按照缜密的战前部署，国民革命军第三十八军十七师一零二团第一营营副马果德领命率领三个步兵连，由广武南城悄悄出发，趁夜进击古荥镇，并在第二连掩护下，率两连突入城内，攻占西南城垣，与侵华日军展开长达1小时的激战，后因侵华日军加紧攻势，从两翼包抄，国民革命军受到严重威胁，暂时撤出古荥。

10月14日晚，国民革命军第三十八军十七师一零一团团长黎之淦亲自率领第一、三共两个支队，第二次进袭古荥镇，先后攻入城内南街及城隍庙，敌人见势，退至镇北区部署顽抗，国民革命军以迫击炮进行轰击，因侵华日军所部署的外壕宽深，将士们很难逾越，敌我双方一直激战到15日3时，侵华日军紧急增加兵力，调遣惠济桥、保合寨之敌增援，国民革命军暂时后撤。

10月19日子时，国民革命军第三十八军十七师一零一团第一支队攻占岭军峪以后，乘胜第三次进袭古荥镇。

10月20日晚，国民革命军第三十八军十七师一零一团第一营受命第四次攻袭古荥镇。

10月22日晚，国民革命军第三十八军十七师师长耿志介亲自在前线督战，以鼓舞国民革命军士气，一零二团奉命第五次强袭古荥镇。

10月27日20时，国民革命军第三十八军十七师一零一团附迫击炮连，第六次强袭古荥镇。

正当国民革命军第三十八军在广武与侵华日军激战时，八路军晋冀鲁豫部队向平汉线发起猛烈攻击，在武安至安阳间破坏公路桥梁达10余处，攻袭彭城，进攻安阳，夜袭新乡飞机场，严重威胁了侵华日军后方，牵制了侵华日军。11月2日14时，国民革命军第三十八军四十九团第七次强袭古荥镇，以第四连为主力部队，与侵华日军在古荥镇进行了激烈交锋，共击毙侵华日军200余人，侵华日军面对国民革命军的强势进攻，抵挡不住，于是烧毁古荥镇区署，然后紧急逃出古荥镇。

七袭古荥镇的胜利极大地促进了广武战役的胜利结束。广武战役，国民革命军第三十八军十七师和新编三十五师英勇迎击侵华日军，奋起抵抗，日夜鏖战，不惜牺牲，在郑州人民的有力配合和支持下，收复失地，迫使侵华日军龟缩在黄河铁路桥至霸王城一线。

血染的中秋

1941年8月，国民党三十八军在上河王村外筑起了战壕，而此时日本军队正盘踞在北边的邙山头，两军隔着枯河展开了战斗。英勇善良的上河王村的村民们，冒着枪林弹雨，给战壕里的抗日战士们提供后方支援，军民们齐心协力，同仇敌忾。14日凌晨，国民党战士和日本军队混战成一片，为了帮助抗日战士，也为了掩护洞中的老人和孩子，上河王村的青壮年们毅然跳出洞来，拿起了钢叉、铡刀和敌人展开了肉搏战。终因寡不敌众，国民党军队被迫向西撤到广武一带。日本军队强占了上河王村以后，对无畏反抗的村民们肆意蹂躏。一个早上的时间，村里就有60多人被杀，20多人跳井，村头有90多人遇害，人称“血染的中秋”。

解放郑州

郑州地处中原腹地，是连接中国东西南北各方的交通要道和枢纽，其濒临黄河天险，是黄河流域的心脏所在，又据邙山、嵩山绝壁，地势险要，自古以来就是兵家必争之地。近现代以来，随着铁路建设的开展，郑州成为平（京）汉、陇海铁路的交会枢纽，主导全国性的铁路动脉，掌控全国经济大动脉，同时也掌控着全国军事运输重线。蒋介石进攻华北、晋冀鲁豫解放区，夹击豫西、合击豫东的谋划，都是以郑州为基础而展开实施的。中国人民解放军若能占领郑州，就能切断蒋介石的作战线路，打乱蒋的作战计划，将中原和华北连成一片，就能保护交通大动脉，保证前线的物资运输；若能占领黄河铁路大桥，还能切断胡宗南向陕甘宁边区进攻的运输线，遏制胡宗南的行动，缓解陕甘宁边区的险境。因此，解放郑州对于解放全国和进一步打击蒋介石国民党势力有很大的帮助和促进作用。其中，惠济区是解放郑州的主战场，邙山鏖战是解放郑州战役中的关键性战役。

1948 年秋，人民解放战争进入到了夺取全国胜利的决定性阶段。从 6 月 22 日至 10 月 22 日郑州解放前后，毛泽东为中央军委起草了一系列电报，拟定了攻克郑州掌握铁路枢纽、实施淮海战役的作战

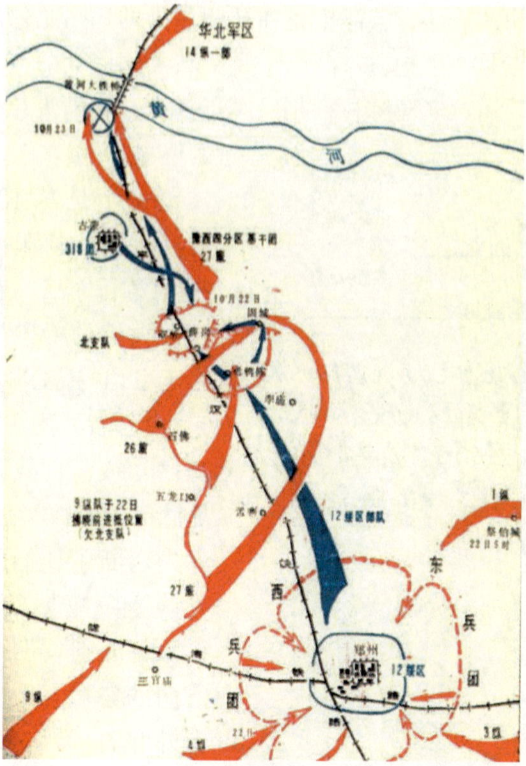

解放郑州作战图

方针。按照部署，10 月 12 日，中原军区集中第 1、3、4、9 纵队及豫西、豫皖苏军区地方武装，准备发动郑州战役。13 日，中原局和中原军区在禹县研究拟定了攻郑部署和战役计划，并报中央军委和毛泽东批准同意。中原军区于 18 日发布攻取郑州的作战命令。

郑州战役由陈赓、谢富治、陈锡联统一指挥。第 1、3、4、9 纵队奉命于 19 日夜向郑州开进。21 日，陈赓偕邓小平亲赴郑州前线指挥部，进行指挥作战。中国人民解放军通过紧张部署，在当日，就完成了对国民党郑州守军的合围态势。国民党守军闻讯极为恐惧，畏惧被歼，决定弃城向北逃窜。政委邓小平和副司令员陈毅、副政委张际春等人，随即率指挥部进驻大同路原国民党郑州绥靖公署。

解放郑州的战斗，实际上是在郑州城外即郑州北郊进行的。城外之战的重点是 3 个地方：薛岗，是敌人（国民党，下同）溃败逃向黄河北的要道；老鸦陈村，是敌军指挥部；邙山头，是敌军最后的堡垒。

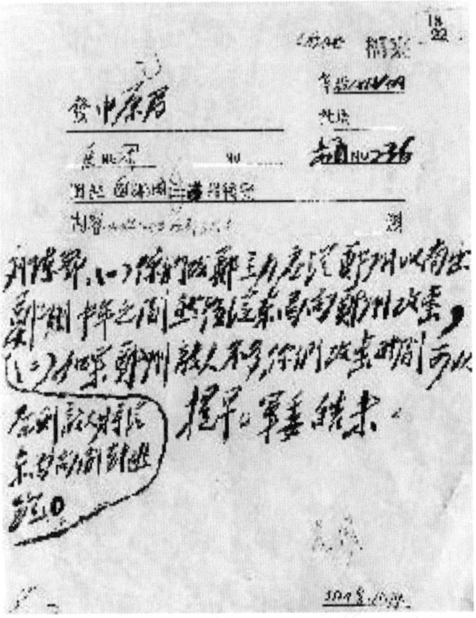
發中原局

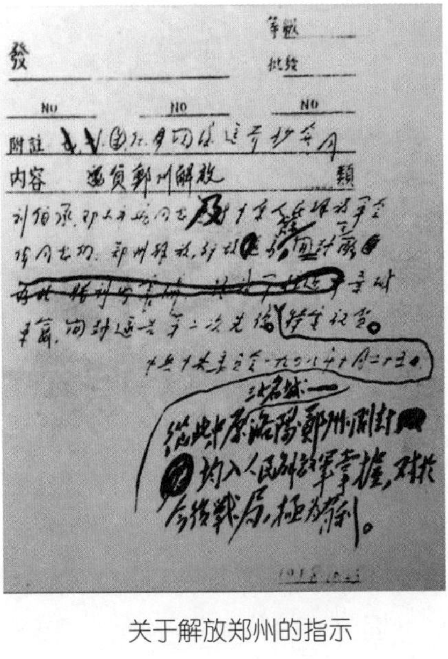
發

NO NO NO

附註

内容 贺郑州解放 類

从此中原洛阳、郑州两大都市均入人民解放军掌握，对于今后战局，极为有利。

关于解放郑州的指示

战斗是从 10 月 20 日 9 时开始的，刘邓大军的分部 79 团急行军后，在郑州通向黄河大桥的要道村庄薛岗抢修工事，这道工事非常重要，它可拦阻敌军逃向黄河北，知己知彼，百战不殆，攻城部队已预知败军必弃城北逃，就先切断了他们的后路。当天晚上，攻城的第 1、4、9 纵队，分别攻占了郑州东北方向的祭城、中牟县，郑州南郊和石佛、五龙口、三官庙等地。这样，攻打郑州城就对郑州形成了一个大的包围圈，包围圈形成后，逼迫城内的国民军 40 军军长李振清率部于 21 日早 6 时，丢下郑州沿公路阵地向城西北逃窜。大批武装军队和政府官员、家属及闲杂人员掺和在一起，与满载物资辎重的车队争前恐后地蜂拥而逃。当李振清的先头部队逃到薛岗要冲地区时，与守候在薛岗的人民解放军部队进行了一个多小时的激战，结果是国民军在阵地前丢下300多具尸体，其余残兵急忙退回薛岗以南的国民军指挥部老鸦陈村内。向北逃窜的国民军已知东、西、南三个方向被解放军包围，所以拼死也要打开薛岗这条生死之道，只有打开薛岗，他们才能向北过黄河大桥。于是国民军军长李振清亲自组织了三个加强火力团的兵力，同时向解放军薛岗和苏屯阵地发起了猛烈的进攻。经过3个多小时的激战，解放军全面打退了国民军的攻击。

这时，国民军军长李振清再做垂死挣扎，他把他的警卫营调来参加战斗。警卫营全部装备是每人三大件（大砍刀、冲锋枪、驳壳枪），组成了300多人的“敢死队”赤膊上阵，一手挥舞着大砍刀，一手提着集束手榴弹，挺着腰杆，疯狂地叫喊着扑了上来。守卫薛岗的部队见状，立即组成突击队，在炮火烟雾的掩护下，悄悄迂回到铁路西侧国民军敢死队的左背后，突然发起猛攻，打得敌人措手不及，惊恐万状。恰在此时，人民解放军的援军赶到薛岗，立即正面出击，迎战国民军敢死队。国民军敢死队在前后夹击下，被打死打伤包括敌警卫营营长在内的100多人，只有少数人逃回了老鸦陈。3点左右，国民军又倾巢向薛岗阵地发起总攻。一路沿铁路向薛岗右翼进攻，另一路由东面祭城向薛岗左翼攻击。坚守薛岗阵地的解放军指战员深知薛岗位置的重要，个个英勇战斗，奋不顾身，终使国民军没能前进一步。

薛岗战斗，截断了国民军退路。而老鸦陈一战，则是捣毁国民军指挥部之战。老鸦陈村，在郑州至古荥镇的公路东侧，距薛岗不到6公里的距离。从郑州逃出的国民军指挥部，就临时设在这里。李振清住在寨子里，村里村外到处塞满了人、马、辎重、行李。攻打老鸦陈村的是解放军27旅77团，在火力掩护下，他们首先突入老鸦陈北寨，经过搏斗，国民军开始全面溃退。国民军指挥已经失灵，于是丢弃一切辎重行李，向东北方向逃窜，企图经过祭城沿黄河南岸公路东逃至开封。这时，坚守在薛岗阵地的27旅79团也立即向迎面之敌痛击。9点半，从郑州城内逃出来的国民军，除少数逃往开封外，基本上都被解放军歼灭在郑州外围西北部。由古荥南援的国民军318团、115团，发觉他们的主力被歼，吓得掉头北逃，连夜与黄河南岸桥头之敌会合，龟缩在邙山头的防御工事里。

郑州城外的第三战是邙山激战。在抗战期间，侵华日军在这里曾抓民夫1000多人次，在山上修筑了一年多的工事；国民党军队在侵华日军修筑工事的基础上，又派民工数万人次，进行了两年的修整、加固，共有明碉暗堡500多个，都是用钢筋水泥建成，还设有5道铁丝网及大量障碍物，山脚下埋下了许多地雷。李振清驻防郑州后，命令其39师115团及40师搜索营，配备了两个炮兵连防守山头。溃败的敌人从古荥逃向这里，从郑州撤下来的山炮营也集中到这里，他们居高临下，地势险要，集中了强大的火力，确实是易守难攻。

攻打邙山要塞的任务，由解放军9纵27旅担当。当天下午，黄河北岸华北野战军14纵，与国民军展开激战；5点之后，81团1营向南岸火车站守敌发起攻击，在猛烈的炮火掩护下，突击队迅速从山脚冲向南沿阵地。这时一道两米多高的铁丝网挡住攻击路线，二

邙岭

连三排排长何思贵带领八班首先钻过，随后又搭起人梯，越过一道3米深的外壕，把手榴弹塞进敌军碉堡内。守敌受到突然袭击，吓得扭头就跑，七班长郭起来一下冲入碉堡，从敌人手中夺过重机枪向敌人扫射。这时突击队第二梯队也赶来投入了战斗，很快占领了南岸火车站，并立即切断了国民军准备炸桥的引爆电线，封锁了国民军北堡，突破了国民军的主阵地。解放军迅速控制了邙山几个主要制高点，并夺取了5个弹药库，占领了国民军的主要阵地。国民军残军见大势已去，不敢再抵抗，一个个举着双手从地堡中出来投降。

此时，华北野战军十四纵队已将大桥北头守敌全歼，向南岸发出了联系信号，和中原野战军9纵队在黄河铁桥上胜利大会师。解放郑州的战役胜利结束，9纵队共歼敌40军军长李振清部万余人，其中俘虏99军少将参谋长余辉庭等9000余人。

解放了的郑州牵动了全国，1948年10月22日的《东北日报》头版头条报道：《刘邓大军解放郑州/守敌逃窜正被我包围歼击中》；中共中央贺电指出：此役对整个战局极为有利。

1948年10月22日，郑州正式宣告解放。郑州战役的重大胜利，促进了中原战局的发展，也直接配合了淮海战役的发起和进行，这对于夺取全国解放战争的胜利有着至关重要的作用。10月23日，毛泽东代表中共中央、中央军委致电刘邓：济南、锦州、长春解放之后，郑州又告解放，陇海、平汉两大铁路的枢纽为我掌握，对于整个战局极为有利。特电祝贺。

1948年10月22日成为郑州的解放日，以后每年的10月22日在这里都会举行盛大的庆祝郑州解放纪念活动。2003年10月22日，在郑州解放55周年之际，郑州市政府在惠济区邙山修建了郑州战役英烈园，以祭奠为解放郑州而英勇献身的烈士，缅怀先烈，教育后人。

第十三章

中华人民共和国成立后的荥泽

ZHONGHUARENMINGONGHEGUO CHENGLIHOUDE XINGZE

中华人民共和国刚刚建立，历经百年战乱的神州大地正在复苏，百业待兴。治理黄河，兴修水利工程是国家的头等大事。

1952 年 10 月 31 日，毛泽东登上小顶山，开始了视察黄河的行程。

1958 年 4 月，花园口水利枢纽工程在郑州市惠济区岗李村西北的黄河大堤上兴建起来。

1958 年 7 月 14 日，黄河连降暴雨，周恩来亲自指挥抗洪。

1986 年 9 月 30 日，郑州黄河公路大桥正式建成通车。

毛主席登上小顶山

1952年10月31日，是一个载入中国史册的日子，特别是为中华人民共和国的治理黄河史平添了重重一笔。这是一个秋高气爽的日子，黄河已不见昔日奔腾咆哮的气势，变得娴静而又安祥。在郑州黄河铁路桥南端，有一个小站叫黄河南岸站，这是一个不起眼的小车站，平时也没几趟客车在此停留，这天早晨一列专列停在了车站上。那时，中华人民共和国刚刚建立，历经百年战乱的神州大地正在复苏，经济刚刚起步，百业待兴。此时，日理万机的毛泽

东主席却把治理黄河看做了头等大事。从这年 10 月 29 日开始，他在百忙之中抽出时间，在时任公安部部长罗瑞卿、铁道部部长滕代远等人的陪同下南下视察黄河，先是在江苏徐州视察了黄河故道，然后西行到了河南境内。30 日先后视察了黄河南岸兰考县的东坝头、开封柳园口等险工河段。31 日早晨，毛泽东主席的专列来到了郑州，沿京广线北行到黄河南岸视察黄河。正是毛泽东主席的这次视察，使古荥镇黄河桥村岳山东麓小顶山这个名不见经传的小山从此载入了史册。

这天上午 9 时许，毛主席在罗瑞卿、滕代远以及有关人员的陪同下，健步向小顶山走去。也许是这天天气特别好的缘故，他的精神也特别好。他身着银灰色中山装，脚穿圆口黑布鞋开始登山，尽管脚下是山间小路，坡陡路窄，杂草丛生，不好走，他却全然不顾，一步一步地向山上走去。在小顶山上，他从东到西、从西到东，北眺黄河，来回察看。同时，他还仔细地询问省、市以及黄委的有关负责同志：黄河在这里什么时候水涨，什么时候水落，什么情况下

要把黄河的事情办好

会泛滥成灾，以及能不能引黄河水上山等问题。

毛主席眺望着黄河和黄河铁路大桥，指点着说，黄河是养育中华民族的摇篮，又是连年征战、乱砍滥伐林木造成的一条害河。黄河一出三门峡，就像一匹收不住缰绳的野马，放纵奔腾，搞不清会在哪里出乱子。历史上不知道黄河决口了多少次，使多少万人的性命、财产毁于一旦。现在到了我们手里，一定要驯服它。无论在任何情况下，决不能让它出乱子，要确保黄河的安全，你们要把黄河的事情办好，不然我是睡不着觉的。

极为珍贵的是，毛主席在小顶山视察黄河时曾留下一幅照片：毛主席坐在一个土坎上，举目凝视着黄河，久久地沉思着。毛主席的号召为治理黄河工作指明了方向，也突出地反映了当时黄河问题的重要性，几十年来，黄河流域的人民遵循着这个指示，积极治理黄河，并取得了突出的成就，使黄河发生了翻天覆地的变化。后来，当地政府为纪念此事，在毛主席当年登上小顶山休息的原址，依照毛主席当年照片上的坐姿，塑造了一尊高3.8米、重4吨的青铜坐像，安放在原址上，供世人瞻仰缅怀。

周总理指挥抗洪

黄河铁路大桥，位于河南省郑州市以北约 30 公里处（在今惠济区），是京广铁路线上重要的桥梁之一，是当时沟通南北的全国铁路枢纽。1958 年 7 月中旬，黄河三门峡至花园口段（简称三花区间）发生了一场自 1919 年黄河有实测水文资料以来的最大的一场洪水，洪峰流量高达 22300 立方米 / 秒。由于洪水的威胁，横贯黄河的京广铁路桥被迫中断交通 14 天。

黄河花园口段

此次洪水来势如此猛烈，是由于7月14日至19日在黄河三花区间的干流区间以及伊河、洛河、沁河等流域的持续暴雨天气，大量雨水、河水汇集到黄河干流中造成的。其中暴雨影响面积高达8.6万平方千米，200毫米以上的强暴雨区面积有16000平方千米，300毫米以上的有6500平方千米，400毫米以上的有2000平方千米。7月17日，郑州花园口出现每秒22300立方米流量的特大洪水。18日凌晨，超强的特大洪峰把京广铁路郑州黄河铁路桥11号桥墩冲倒，相邻两孔钢梁落入洪水之中。南北铁路交通大动脉中断，汹涌的洪水直接威胁着黄河下游千百万人民的生命财产安全。此时此刻，抗洪抢险、迫在眉睫。

7月18日下午，正在上海主持会议的周总理，接到黄河防汛总指挥部和中央防总的报告后，立即中断会议，乘坐专机赶赴郑州，飞机飞临郑州黄河铁路大桥上空，周总理仔细地观察巡视了现场洪水情况和黄河铁路大桥被毁坏的情况。随后，周总理立刻和黄河水利委员会、河南省委负责同志研究方案，对黄河堤防抢险做了周密安排，然后又登上列车，赶往京广线黄河铁路大桥，亲临现场察看洪水和抢修黄河铁桥的情况，冒雨勉励抗洪军民。在周总理召开抢险抗洪现场会议的时候，天空又下起了暴雨，周总理拒绝了工作人员递过的雨伞，在雨中继续跟抢修工人及各工作人员商讨抢险方案，勉励大家，希望大家与风雨和洪水斗争到底，尽快修复大桥。周总理说：修桥依靠大家，现在全国人民都在大干，你们铁路工人和干部一定要当好先行官！要同暴风雨和洪水做斗争，要像革命战争年代那样，工农兵一齐干，尽快修复黄河大桥，我代表党中央感谢你们。

在做好防洪抢险工作部署之后，7月19日早晨，周总理又登上了专机，顺着黄河，飞到山东境内视察水情。

在周总理制定的“依靠群众，固守大堤，不分洪，不滞洪”的抗洪抢险方案的指导下，在周总理赶赴黄河一线的勉励鼓舞下，沿河几省二百万军民满怀着“人在堤在，水涨堤高”的信念，全力以赴投入到抢险抗洪中去，经过十几个昼夜的艰苦奋战，特大洪水终于被战胜了。黄河铁路大桥也经过铁路职工、解放军指战员不分昼夜地抢修，在 8 月 2 日修复通车了。听到喜讯后，周总理乘专列再次来到了黄河大桥，视察修复后的黄河大桥，并在当晚主持座谈会，总结抢修经验，研究新桥建设措施，直到午夜才离开工地。

时任黄河水利委员会主任的王化云在三十年后回忆时，深情地说道：周总理亲临黄河抗洪抢险第一线，给奋战在千里堤防线上的二百万军民以巨大的鼓舞和力量。当时洪水在河南东部和山东境内，与部分堤段的顶部几乎相平，情况紧急万分。广大军民一夜之间便在大堤顶上加修了一道一米高、六百公里长的小堤，防止了洪水漫溢……

现在的黄河水平静地流淌在固有的河道里，两岸的河堤坚固地守卫着这片土地和千万百姓，曾经的黄河铁路大桥虽然已经不再作为连通南北的交通要道，但是当年周总理亲赴黄河铁路大桥勉励大家抢险抗洪的故事继续在中原大地流传着，军民们团结一致、全力以赴抢险抗洪的精神继续鼓舞着一代又一代中原儿女。

花园口水利枢纽工程

花园口水利枢纽工程位于郑州市惠济区岗李村西北的黄河大堤，此前为古汴口或荥泽古渡。1958 年 4 月至 9 月兴建并竣工，同时完成由岗李至固城村 7 公里的东风渠干渠修建，将贾鲁河与索须河串联起来。1959 年 11 月，承建“花园口水利枢纽”。工程主要包括泄洪闸、溢洪堰、拦河坝和防护堤四项。其所担负的任务，是抬高黄河水位，防止河床下切，保证黄河北岸共产主义渠、人民胜利渠、黄河南岸东风渠三灌区 2500 万亩农田的灌溉引水，并供给天津用水，保证京广铁路黄河大桥的安全，联系南北水陆交通、促进物资交流，并可装机 10 万千瓦。1960 年 6 月建成，1963 年 7 月破坝废除，然后河归自然流路，至今仍川流不息。

花园口近照

郑州黄河公路大桥建成通车

郑州黄河公路大桥于 1986 年 9 月 30 日正式建成通车。该桥全长 5549.86 米，在当时号称“亚洲第一大公路桥”，是亚洲最长的公路大桥，邓小平同志为大桥题写了桥名。

郑州黄河公路大桥

中国历史文化名
古莱
中华人民共和国住房和城乡建设部
国家文物局

第十四章

古荥大运河文化区建设规划

GUXING DAYUNHE WENHUAQU JIANSHE GUIHUA

荥泽（古泽名），现中心位于郑州市惠济区古荥镇东南部，为中国古代的九大泽之一。据《乾隆荥泽县志》（校点本）载，初为东虢封地。春秋名荥泽，属郑。战国名荥阳，属韩。秦，荥阳属三川郡……。前汉，荥阳属河南郡……。后汉，荥阳属河南尹……。魏，荥阳属司州河南郡……。晋，荥阳属司州荥阳郡……。隋开皇四年，置广武。人寿元年，改名荥泽，属豫州荥阳郡。……唐，望属河南道郑州荥阳郡。……宋，荥泽属京西北路郑州，奉宁军。……元，荥泽属京西北路总管府。……明，荥泽属河南开封府郑州。……清，荥泽属河南开封府郑州。

习近平总书记多次对大运河保护传承和大运河文化带建设作出重要指示，指出大运河是祖先留给我们的宝贵遗产，是流动文化，要统筹“保护好、传承好、利用好”。惠济区依托大运河文化带沿线遗产资源，力争将古荥大运河文化区打造成最富文化内涵、最具

郑州市惠济区古荥镇概念性总体规划（2012 ~ 2030 年）

地方特色、最具观赏价值的精品文化旅游片区。郑州市第十一次党代会，将古荥大运河文化区列为郑州市的“四大文化片区”，上升为全市发展战略，作为郑州彰显历史文脉的重要名片，打造华夏历史文明传承创新中心的重要载体。

谋定而后动。2016 年 11 月，惠济区规划发展中心邀请中国建筑研究设计院等单位编制了古荥大运河文化区旅游策划总体方案。2017 年 10 月，郑州市规划局委托同济大学规划院等单位进行片区总体规划设计。2018 年 6 月，惠济区政府与浙江华景通旅游开发公司签订了合作框架协议。2019 年 2 月，郑州市规划委员会原则审议通过了“古荥大运河文化区荥泽古城概念性总体规划”。

古荥大运河一角

古荥大运河文化区位于郑州市中心城区西北部，规划范围为荥阳市界以东、京广铁路以西、绿达路以南、开元路以北区域，规划面积约30平方千米，主要建设荥泽古城、安置区及功能配套区、大运河示范段等。

荥泽古城规划范围为西四环、大河路、西三环北延、开元路围合区域，面积为12.88平方千米。以“大旅游、大产业、大融合，助推城市产业优化升级”为战略，以“传承文脉、更新产业、复兴空间”三位一体的遗产保护和有机更新为规划建设理念，依托四大

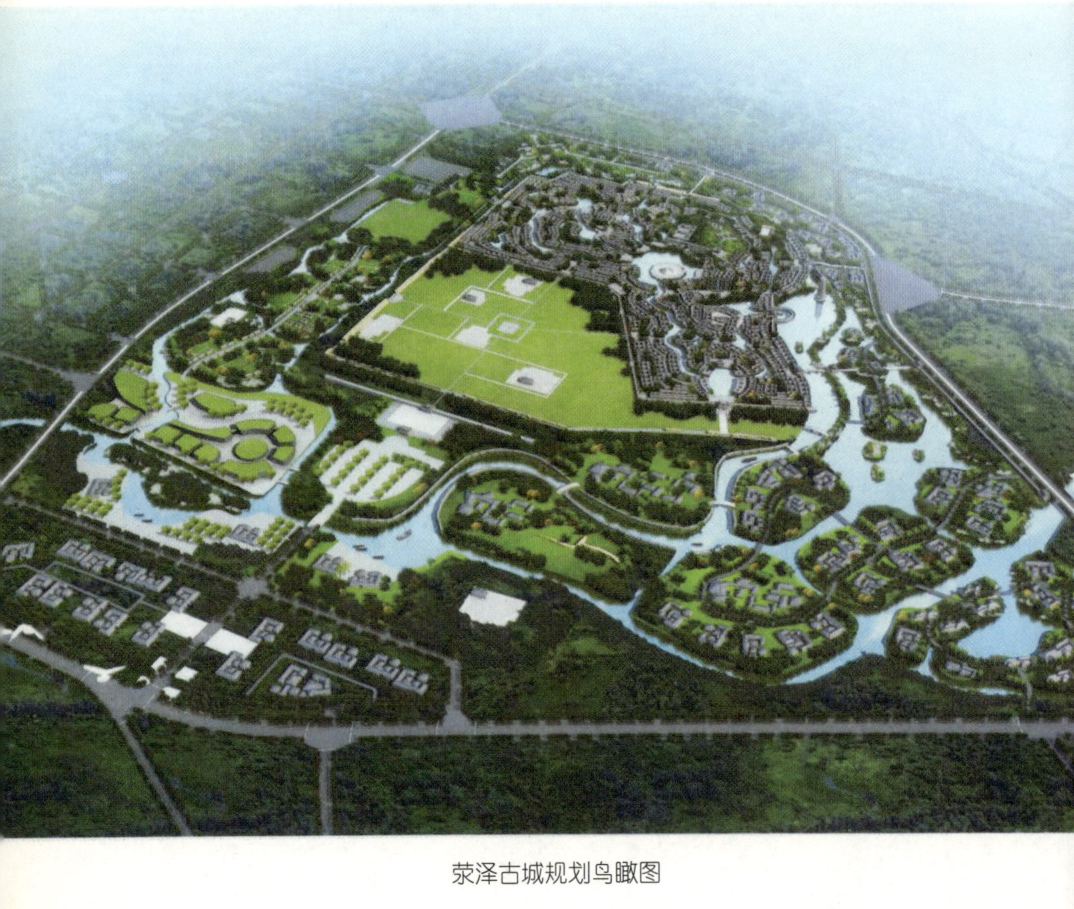

荥泽古城规划鸟瞰图

荥泽古城水街效果（一）

荥泽古城水街效果（二）

地质遗迹群等自然资源及西山古城、小双桥遗址、荥阳故城等历史人文资源，以遗存遗址、庙宇祠堂、水系水街等为空间载体，以根祖文化、河洛文化、运河文化、城池文化为文化主线，呈现以西山荥泽古城为代表的文化地理单元，作为华夏文明起源地和国家中心城市的文化底蕴，建立中华文明传播体系、传承体系、服务体系，促进产业跨界融合、产城一体化发展。

荥泽古城作为遗址最密集的区域，拥有中原起源最早的古城——西山古城，延续着5300年不断代的文明史，定位为集文化体验、人文度假、温泉康养、艺术生活为一体的中华文明史诗级地标和国际知名旅游目的地，着力打造古城体验区、遗址体验区、温泉度假区、国际艺术匠人村、主题公园区、文旅奥莱区、会展演艺区等区域。

荥泽古城门效果

附件

FUJIAN

荥阳故城

荥阳故城遗址位于古荥镇，即古荥阳城，因位于荥泽西岸荥水之阳而得名。

荥阳在历史上很有名，是古代的军事重镇和水陆交通要道。春秋时晋文公于践土筑王宫以迎周天子会盟诸侯，奠定了筑城的基础。战国时期的韩国，为防御秦国的东侵和东方魏国的西侵，并保证国都新郑的安全，对荥阳城进行了大规模扩建，在公元前320年建成。秦汉时期屡有修建。西汉至西晋、北魏时期，荥阳一直为郡治之所，管辖今郑州、开封的大部分地区。这时的荥阳，不但是郑州的中心，而且是中

荥阳故城遗址

原地区的政治、经济、文化、漕运中心之一。西汉时期，主管财政的大司农桑弘羊，就把荥阳列为“天下名都”之一，与蓟（今北京市）、邯郸、洛阳等著名城市并列。后来，由于战乱频繁和社会动荡不安，荥阳遭到很大破坏。特别是东汉末年，黄河南侵，鸿沟运河体系遭到破坏，长期战乱使东汉朝廷已无暇整治运河的淤塞，荥阳故城的水运也随之衰落，直至彻底丧失其作为一方中心城市的重要地位。至北魏太和十七年（公元 493 年）城废，郦道元著《水经注》时称之为“荥阳故城”。清康熙三十七年（公元 1698 年）荥泽县治迁至荥阳故城内西北隅，又加筑荥泽县城。清代降为镇，今为古荥镇所在地。

荥阳有着特殊的地理位置。它北依邙山临黄河，南面遥望京索，东有鸿沟通淮泗，西过虎牢关接洛阳，地势险要，为南北之绾毂、东西之孔道，历来为兵家必争的战略要地。春秋时，晋楚称霸中原，曾鏖战于此；战国时，秦拔荥阳置三川郡，为郡治并设敖仓于敖山，作为东进吞并六国的桥头堡；秦末农民起义军领袖吴广曾带领主力部队围攻荥阳，最后身首异处；楚汉之争，双方曾屡据荥阳，刘邦取敖仓之粟扼项羽于荥阳东，终以鸿沟为界中分天下。西汉时，荥阳虽降为县，但有铁官、工官、敖仓，仍不失为一个重要的经济城市。汉代以后的千年间，对荥阳的争夺仍很激烈。

现荥阳故城遗址面积约 3.5 平方公里。城垣呈不规则长方形，南北长约 2000 米，东西宽约 1500 米，周长约 7000 米。除东城墙被河水冲毁外，其他三面城墙目前基本上都保存完整。现存城墙最高处 20 米，上宽 10 至 30 米，基宽 30 至 70 米。城墙系版筑而成，层次分明，夯窝清晰。西城墙有三处缺口，当为城门遗迹。根据考古调查，东北为粮仓，东部高地为官署，中部偏北有夯土建筑基址，南部为居民区，有青砖砌筑的房基，地面散存有大量的古代板瓦、筒瓦等废弃的建筑材料，历年来还出土有陶器（某些陶器上有陶文）、铁器，以及汉代趾麟金（俗称马蹄金）等，还发现有成排的输水管道。特别是发现的汉代冶铁作坊，规模宏大，冶炼技术先进，具有很高的科研价值。

2006年5月，荥阳故城被国务院公布为全国重点文物保护单位。

荥泽县治三迁

隋代时，隋文帝杨坚即位后，十分重视漕运和物流事业的发展。隋开皇三年（公元 583 年），随着汴河的疏浚通航，为加强漕运管理，确保京师物流通道畅通无阻，于隋开皇四年（公元 584 年）割荥阳郡，分置广武县，隋仁寿初年（公元 601 年）改为荥泽县。《元和郡县志·荥泽县》载："隋开皇四年分荥阳置广武县，取山为名。仁寿元年改为荥泽，属郑州。"《括地志》载："荥阳故城在郑州荥泽县西南十七里。"其县城位于黄河南岸，汴河北岸的平坦地带胡桃园，即今花园口镇的胡桃园自然村。

明洪武八年（公元 1375 年），黄河将隋文帝杨坚于隋开皇四年（公元 584 年）所建的荥泽县城淹没，荥泽县城向南迁移 5 里许。这是黄河第一次淹没荥泽县城，荥泽县城被迫第一次向南迁移。

明成化十六年（公元 1480 年），黄河再次南侵，把明洪武八年（公元 1375 年）所建荥泽县城淹没，荥泽县城第二次又向南迁移了 5 里许。据《郑州黄河志》记载，此次南迁地点在北丁铺（该地后塌陷河内），具体地点约在今南裹头工程以西、单庙村以北。《清乾隆荥阳县志》所绘荥泽县志画原荥泽县北临黄河，西有单庙，东南有岗李墩台（即今之岗李村）。单庙处位于其县城的南关。

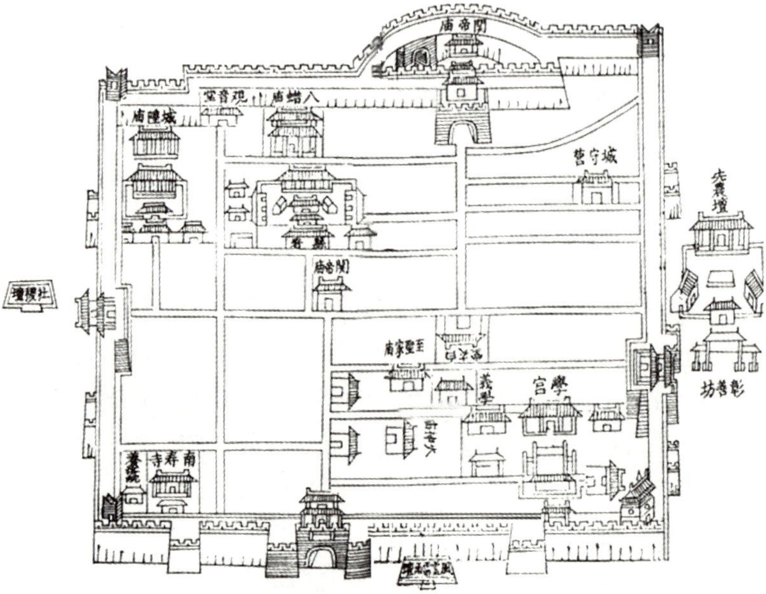

荥泽县志城池图

清康熙三十七年（公元1698年），黄河第三次将荥泽县治啮进腹内，荥泽县治被黄河所逼，不得不进行第三次迁移。《清乾隆荥阳县志·地理志》记载：“康熙三十七年，因河复南啮县城，遂迁移古荥阳郡旧址，建县新治。”此次县城迁移至荥阳故城的西北隅，即今古荥镇政府所在地，史称“荥泽县治三迁”。

1931年，荥泽县与河阴县合并为广武县，县治在河阴县城，改荥泽县治名为古荥镇，属广武县。中华人民共和国成立后，这里一度属郑州市郊区，设古荥公社，后改古荥镇至今。

中国（隋唐）大运河 郑州荥泽枢纽活态遗产体系

隋唐大运河郑州荥泽枢纽，为天下水系网络中枢绾毂，黄河横亘其中，大运河纵贯南北，又是亚欧“丝绸之路”纽带，当今世界文化遗产。它背靠黄河，肩臂广武山，“荥播，河、济，往复径通；西通河洛，南达余杭，北至涿郡”。作为我国古代纵贯南北水陆交通大动脉中枢，漕运商旅和文化交融的集散地，“万国玉帛，其自楚、蜀、滇、黔、东西粤。输如簇，蹄如织，无不以自逞”。

然而，受黄河“善决、善淤、善徙”的影响，大部分不断淤积徘徊或游荡，加之年代久远、史料匮乏、记载缺失等原因，则自南宋迄今的千年中，已成为一个众说纷纭、难以考定的重大历史性难题。因此，借助国家组织中国大运河申遗的历史战略机遇，集结政府有关部门与社会知名专家学者，组织开展“中国大运河郑州荥泽枢纽遗产研究”，锁定“隋唐大运河郑州荥泽枢纽活态遗产体系”，就具有特定的历史意义和现实意义。

千年沧桑不为人知，科研揭秘惊现于世。隋唐大运河郑州荥泽枢纽，总绾鸿沟和济水，同时由黄河分出，京须索郑诸水汇流，西通河洛至巩义洛口，东南接汴河达中牟官渡，东北连通黄河与永济渠口相连，天然形成天下水系网络中枢。其核心部位，昔《尚书·禹贡》称为“荥播既潴”，今为郑州花园口水利枢纽，位于郑州市惠济区。

隋唐大运河郑州荥泽枢纽，大部分遗产历经千年沧桑，却依然运行良好。其中，河道水工、漕粮码头、仓廪输场、桥梁闸坝、古渡驿站、城堡村落、寺庙观庵等遗址遗迹，仍有部分可寻。黄河文化、炎黄文化、运河文化，以及汉唐以来的民俗、戏曲、工艺等，一批非物质文化遗迹，尚待进一步挖掘研究。由此锁定为“中国（隋唐）大运河郑州荥泽枢纽活态遗产体系”的基本内涵。

当今黄河郑州花园口水利枢纽（又称十八孔闸与南裹头），锁定为隋唐大运河郑州荥泽枢纽通济渠漕粮码头与黄河古渡与古汴口遗址；“引黄济卫工程”，锁定为隋唐大运河永济渠“引沁入河，东北开渠”的古要冲；索须河、贾鲁河部分河段约30公里，与枯河（砾溪）部分河段约20公里的河道，锁定为隋唐大运河郑州荥泽枢纽通济渠（古鸿沟与汴河）故道；西山古城、秦王寨、青台、小双桥（周岢塚）、大河村等，锁定为傍大运河两岸的仰韶文化遗址；商城敖都、荥泽板渚、垂陇都尉、故市侯国、荥阳故城、祭伯鳌城、莞城等，锁定为大运河古城堡大都市遗址；汜水口、孤柏嘴、牛口峪、广武、保合寨、惠济桥、岗李、贾河、弓寨、东赵、花园口、大庙、京水、码头岗，石桥、姚店堤、郭丹口、黄庄、杨桥、官渡等，锁定为大运河古渡驿站古村落；以及大王庙、玉皇阁、东岳天齐庙、祥云寺、汉代冶铁遗址和“荥泽八景”与“郑州八景”部分景观等，即可锁定为傍大运河沿岸集中分布的古迹遗址群。其中，可供当今保护、传承、利用的大遗址有30余处，面积可达300平方公里以上，可谓当今世界遗产中国大运河不可或缺的重要历史文化资源和黄金宝藏。